HIN & WEG

LOW BUDGET EUROPA

25 Citytrips mit
über 1000 Spartipps

Reisen mit
Insider
Tipps

INHALT

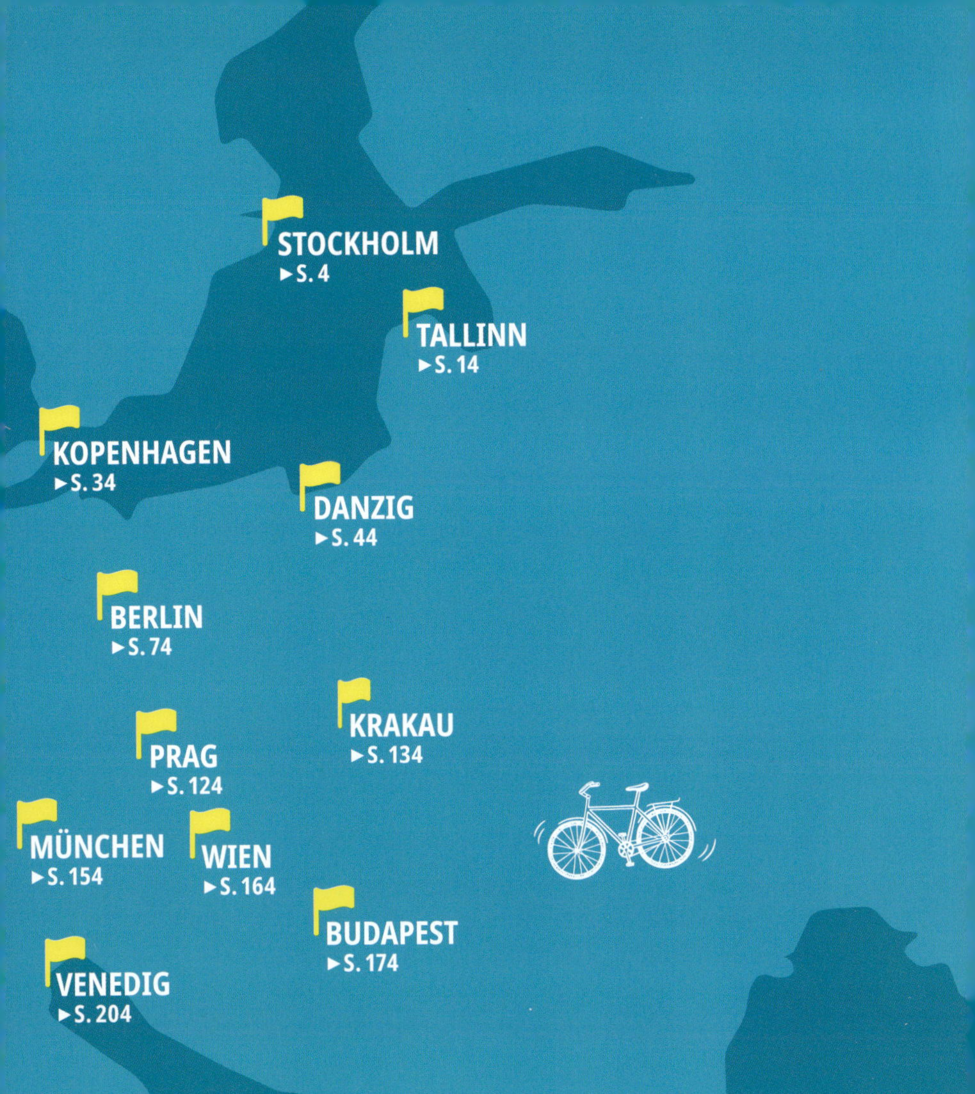

GUT ZU WISSEN

Die Eintrittspreise sind in diesem Buch ohne Ermäßigung angegeben. Hab daher am besten immer einen Ausweis dabei und frag nach, ob es Vergünstigungen gibt. In einigen Städten zahlen nämlich z. B. EU-Bürgerinnen und -Bürger unter 18 Jahren keinen Eintritt und zwischen 18 und 25 Jahren die Hälfte oder zumindest weniger.

Das Sparschwein zeigt dir, welche Sehenswürdigkeiten, Veranstaltungen etc. kostenlos besuchbar sind.

Hej Sverige!

STOCKHOLM

Goldgelbe Bürgerhäuser, die im klaren nordischen Licht warm leuchten, prachtvolle Renaissancegebäude, die von jahrhundertealtem Wohlstand zeugen, schreiende Möwen, die über weißen Schärendampfern kreisen: Stockholm wird dich faszinieren – besonders durch das viele glasklare Wasser, das in der Sonne herrlich glitzert und im Winter zu Eis erstarrt. Mitten in der Stadt kannst du unbesorgt baden oder dicke Lachse angeln. Wo geht das schon? Wie du die skandinavische Metropole mit wenig Geld erobern kannst, erfährst du mit den nachfolgenden Tipps.

Stockholm mit der Linienfähre entdecken

DIE BESTEN SEHENSWÜRDIGKEITEN

Das solltest du nicht verpassen! Auch wenn der eine oder andere Eintritt nicht immer den Geldbeutel schont, diese Sehenswürdigkeiten gehören zu Stockholm einfach dazu!

GAMLA STAN

Stockholms Herz: enge Gassen, alte Kirchen, terrakottafarbene Giebelhäuser.

U-Bahn: Gamla Stan, Bus: Riddarhustorget

SCHÄREN

Inselreich im wahrsten Sinn des Worts: 30 000 kleine Eilande drängen sich vor den Toren Stockholms.

visitskargarden.se | Boot: u. a. ab Strömkajen, Strandvägen z. B. nach Fjäderholmarna oder Vaxholm

KUNGLIGA SLOTTET

Viel Platz für Königs & Co: eins der größten Schlösser der Welt mit mehr als 600 Zimmern.

Kostenlos zu besichtigen: Wachablösung mit Musik und Parade im äußeren Königlichen Schlosshof

Eintritt 220 SEK, Ticket vorab online kaufen | Slottsbacken | kungliga slotten.se | U-Bahn: Gamla Stan, Bus: Slottsbacken

ICEBAR

Cocktails aus Eisgläsern im kältedichten Poncho bei frostig-frischen minus 5 Grad.

Eintritt ab 240 SEK inkl. Drink, 215 SEK inkl. alkoholfreiem Drink (Vorabbuchung online!)| im Nordic Sea Hotel, Vasaplan 4 | icebarstockholm.se | U-Bahn: Centralen

10 x Stockholm

VASA

Das mächtige Kriegsschiff versank im 17. Jh. Heute liegt es trocken im eigenen Museum.

Eintritt 190 SEK inkl. Audioguide | Galärvarvsvägen 14 | vasamuseet.se | Bus, Straßenbahn: Vasamuseet

FOTOGRAFISKA

Inspiration für eine bewusstere Welt: Das hippe Museum für moderne Fotografie hat eine ganz klare Vision.

Eintritt Sept.–April ab 175 SEK, Mai–Aug. 210 SEK | Stora Tullhuset, Stadsgårdshamnen 22 | fotografiska.com | U-Bahn, Bus: Slussen, dann ca. 8 Min. Fußweg

SKANSEN

Alte Bauernhäuser, prächtige Herrenhöfe und Elche im Freilichtmuseum mit Cityblick.

Eintritt Okt.–April 245 SEK, Mai–Sept. 300 SEK | Djurgårdsslätten 49–51 | skansen.se | Bus, Straßenbahn: Skansen

STADSHUSET

Stockholms Wahrzeichen trägt drei goldene Kronen.

Eintritt 140 SEK, Turm 90 SEK | Hantverkargatan 1 | stadshuset.stockholm | Bus: Stadshuset, U-Bahn: Rådhuset

ÖSTERMALMS SALUHALL

Exklusive Köstlichkeiten aus Schwedens Wäldern, Wiesen und Gewässern unter einem Marktdach.

Östermalmstorg | ostermalmshallen.se | U-Bahn: Östermalmstorg

DROTTNINGHOLM

Schwedisches Versailles: Seit 1981 lebt die Königsfamilie in dem traumhaften Schloss vor den Toren Stockholms.

Eintritt Schloss inkl. Chinesischer Pavillon 220 SEK | Drottningholms Slott Slottsstallet 11 | kungligaslotten.se | U-Bahn: Hässelby Brommaplan, dann Bus: Drottningholm

Stortorget, Stockholms ältester Platz

MEHR ERLEBEN

Blick vom Skinnarviksparken

Über 50 Museen kannst du in Stockholm besuchen. Daneben solltest du dir für den einen oder anderen lohnenden Tipp auf dieser Seite Zeit reservieren.

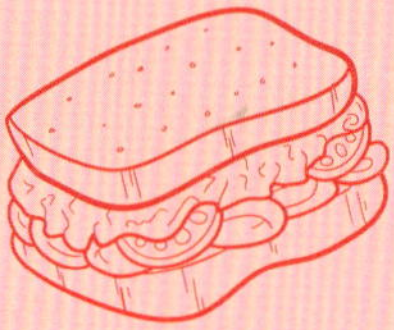

SCHÖNER SPEISEN

Bei diesem tollen Blick vom Skinnarviksberget auf den Mälarsee schmeckt das Würstchen doppelt so gut! **Insider-Tipp** Der Skinnarviksparken auf den hohen Klippen von Södermalm ist der perfekte Platz für ein Picknick in der Abendsonne. Bevor du dich hier niederlässt, gehst du schnell noch beim Skinnarviksparken Café (Skinnarbacken/Lundagatan) vorbei und kaufst an diesem kleinen Kiosk einen Snack.

SKINNARVIKSPARKEN
U-Bahn: Zinkensdamm, Bus: Ringvägen

REINER HÖRGENUSS

Große Bühne für klassische Ballett- und Opernaufführungen mit internationalem Renommee. Für wen das Musikerlebnis entscheidend ist und nicht der Blick auf die Bühne: Kauf dir ein günstigeres Ticket für einen *lyssnarplats*, einen Platz mit verdeckter Sicht. Augen zu, Ohren auf!

KUNGLIGA OPERAN
Ticket 110 SEK | Gustav Adolfs torg | operan.se | Bus: Karl XII:s torg, Straßenbahn, U-Bahn: Kungsträdgården

AUF LISBETHS SPUREN

Interessantes zur Geschichte Stockholms von den Anfängen bis heute. Außerdem werden von hier viele spannende Stadtwanderungen (150 SEK) wie die Stieg-Larsson-Millennium-Tour oder der ABBA-City-Walk geboten.

STOCKHOLMS STADSMUSEUM

Eintritt Museum frei, Stadtwanderungen ab 150 SEK (Tickets online) | Ryssgården | stadsmuseum.stockholm.se | Bus, U-Bahn: Slussen

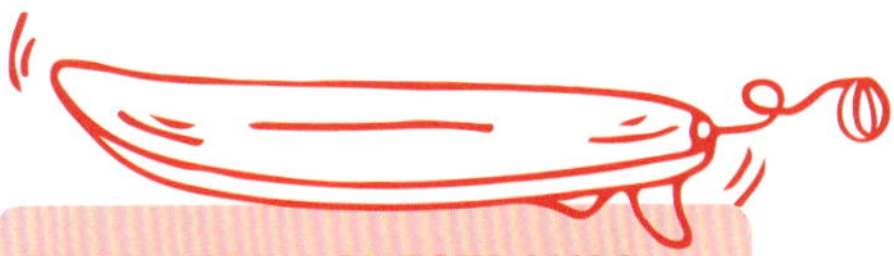

SOMMERNACHTSTRAUM

Mit dem Kajak oder dem SUP in der Abendsonne Stockholm vom Wasser aus entdecken – im Sommer geht das noch bis in die Nacht hinein: Es ist lange hell hier! Bei Långholmen Kajak kannst du auch Touren und Kurse buchen.

LÅNGHOLMEN KAJAK

Kajak ab 290 SEK/2 Std., SUP ab 270 SEK/2 Std. | Alstaviksvägen 3 | langholmenkajak.se | U-Bahn: Hornstull

GANZ GROSSE KUNST

Schwedens größtes Kunst- und Designmuseum mit einer riesigen Sammlung vom 15. Jh. bis zur Gegenwart. Zu sehen gibt's Werke der wichtigsten schwedischen Künstler, aber auch das Ausland ist vertreten mit Rembrandt, Rubens, Goya, Renoir, Degas oder Gauguin.

NATIONALMUSEUM

Eintritt ab 15.30 Uhr 100 SEK, sonst 150 SEK | Södra Blasieholmshamnen 2 | nationalmuseum.se | Bus: Karl XII:s torg, Straßenbahn, U-Bahn: Kungsträdgården

Eingang des Nationalmuseums

WIDDEWIDDEWITT …

Bücher wie *Pippi Langstrumpf, Mio, mein Mio* und *Ronja Räubertochter* entstanden in Astrid Lindgrens gemütlicher Vierzimmerwohnung immer zuerst auf einem Stenoblock im Bett, wurden dann an ihrem Arbeitsplatz am Fenster mit Blick auf den Vasapark ins Reine getippt. **Insider-Tipp** Ticket unbedingt im Voraus online buchen, da die Führungen hier sehr begehrt sind.

ASTRID LINDGRENS HEM

Eintritt 200 SEK | Dalagatan 46 | astridlindgrenshem.se | U-Bahn: Odenplan

ESSEN & TRINKEN

Kanelbullar – *Zimtschnecken*

Fisch und Meeresgetier stehen auf der Hitliste weit oben. Daneben findest du viel Internationales ... und natürlich *kanelbullar*, die unvergleichlichen schwedischen Zimtschnecken.

KOSTPROBEN VOM NACHWUCHS

Die Starköche von morgen tischen dir in dieser Restaurantschule heute schon dreigängige Lunch- und Dinnermenüs auf. Kulinarische Köstlichkeiten für wenig Geld.

INTERNATIONELLA RESTAURANGSKOLAN
Alströmergatan 39 | restaurangskolan.se | Bus, U-Bahn: Fridhemsplan

Sagenhaft lecker!

SCHNELLES FUTTER AUF RÄDERN

Ob Burger, Fajitas oder Quesadillas: In der ganzen Stadt findest du Foodtrucks, die fahrenden Imbissbuden. Hier wirst du satt, ohne arm zu werden! Standort und Zeit variieren von Tag zu Tag.

FOODTRUCKS
Infos zu Standorten unter stockholmfoodtrucks.nu, hittatrucken.se und in der App Street Käk

PREIS-LEISTUNGS-KANELBULLAR

Ja, es ist viel Butter drin! Und auch viel Zucker! Deshalb sind die klassischen Hefeschnecken mit Zimt ja auch so lecker. In dieser Patisserie gibt es die größten *kanelbullar* der Stadt, nicht billig, aber du bekommst was für dein Geld.

SATURNUS
Eriksbergsgatan 6 | cafesaturnus.se | Bus: Eriksbergsgatan, U-Bahn: Östermalmstorg

KLEINE, RUNDE KLASSIKER

Vater Rune und Sohn Fabian setzen auf nordisches Fast Food ohne schlechtes Gewissen: Hier dreht sich alles um die gute alte Frikadelle (natürlich frisch!). Aus Fleisch, aus Fisch oder vegan – Hauptsache öko und selbst gemacht.

KALF & HANSEN
Mariatorget 2 | kalfochhansen.se | U-Bahn: Mariatorget

NORDIC ORIENT

Kircherbsen und Gewürze stammen aus biologischem Anbau, das Pitabrot aus Sauerteig wird im Steinofen gebacken und alles in schwedischem Rapsöl frittiert. Qualität, die schmeckt! Kein Alkoholausschank.

FALAFELBAREN
Hornsgatan 39 b | falafelbaren.se | U-Bahn: Mariatorget

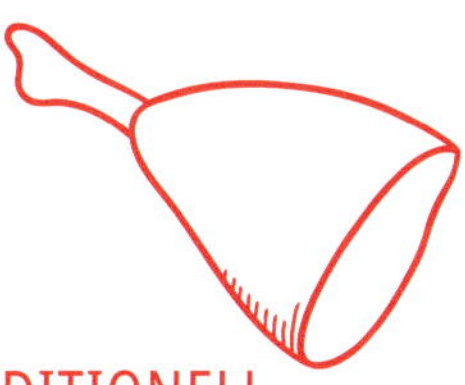

TRADITIONELL

Seit 1908 werden in dieser klassischen Bierhalle Fassbier und deftige Hausmannskost aufgetischt.

KVARNEN
Tjärhovsgatan 4 | kvarnen.com | U-Bahn: Medborgarplatsen

TREND-LOCATION

Tacos, Pizza, Cocktails: Auf drei Etagen und einer Dachterrasse (im Sommer) verteilen sich hier verschiedene Restaurants, Bars und Clubs, lecker und bezahlbar, sehr hip und sehr angesagt!

HORNHUSET
Långholmsgatan 15 b | hornhuset.se | U-Bahn: Hornstull

MITTAGS IN STOCKHOLM

Die Stockholmer essen relativ früh zu Mittag (*lunch*), schon ab 11.30 Uhr. Dann bieten Restaurants ein *dagens rätt* (Tagesgericht) an, das aus warmem Hauptgericht, Salat, Brot, alkoholfreiem Getränk und Kaffee besteht – ein günstiges Angebot ab ca. 10 Euro. Das Leitungswasser (*kranvatten*) ist von sehr guter Qualität.

Mittagessen in der Saluhall

SHOPPEN

Viel zu entdecken auf Stockholms Flohmärkten

Um nur bei H&M oder Möbel bei IKEA zu kaufen, hast du den langen Weg in Schwedens Hauptstadt nicht gemacht. Schau lieber mal bei folgenden Adressen rein.

SUCHTGEFAHR!

Die Schweden lieben Lakritz! **Insider-Tipp** In diesem Laden gibt es eine riesige Auswahl davon. Einfach mal hingehen und probieren.

LAKRITSROTEN
Regeringsgatan 48| lakritsroten.se | Bus, Straßenbahn: Kungsträdgården

ZURÜCK ZUR NATUR

Outlet des größten Outdoorladens in Stockholm. Führt vor allem nordische Labels wie Haglöfs oder Lundhags.

ALEWALDS OUTLET
Kungsgatan 68 | alewalds.se | U-Bahn: Hötorget

BEZAHLBARER TRÖDEL

Auf 200 qm gibt es hier Kleidung, Schuhe, Möbel und noch vieles mehr aus der Zeit von 1920 bis 1980.

MODERN RETRO
Wollmar Yxkullsgatan 9 | modernretro.net | U-Bahn: Mariatorget

AUF PLATTENJAGD

Neue wie gebrauchte Schallplatten, CDs, Pop, Rock, Hardrock, Hip-Hop, Soul, Oldies, Jazz ...

RECORD HUNTER
St. Eriksgatan 70 | recordhunter.se | Bus, U-Bahn: St. Eriksplan

KREATIV-SHOPPING

Ausgefallene und funktionale Ideen etablierter und junger Designer. Tolle Mitbringsel! Mehrere Filialen.

DESIGNTORGET
Sergelgången 29 | designtorget.se | Bus, Straßenbahn: Sergels torg

FLOHMARKT MIT PARTYFEELING

Antiquitäten, Kunst, Design, Vintage, Kulinarisches: Hier kannst du ordentlich stöbern.

HORNSTULL-MARKT
Sa/So 11–17 Uhr | Hornstulls strand 4 | hornstullsmarknad.se | U-Bahn: Hornstull

GUT ZU WISSEN

FAHRRAD LEIHEN

Radfahren ist in Stockholm weitverbreitet, das Radwegenetz gut ausgebaut. Stunden- oder tageweise kannst du u. a. Räder mieten bei:

RENT A BIKE
Ab 100 SEK/Std., 290 SEK/Tag | Strandvägen Kajplats 18 | rentabike.se | Straßenbahn, Bus: Styrmansgatan

DJURGÅRDSBRONS SJÖCAFÉ
80 SEK/Std., 300 SEK/Tag | Galärvarvsvägen 2 | sjocafeet.se | Bus, Straßenbahn: Nordiska museet/Vasamuseet

NAHVERKEHR-HAFENRUNDFAHRT

Insider-Tipp Die SL-Tickets des Nahverkehrs gelten auch für die innerstädtischen Linienfähren Nr. 80 Sjövägen (Nybroplan–Djurgården–Saltsjökvarn–Nacka Strand–Lidingö Frihamnen), Nr. 82 Djurgårdsfärjan (Slussen–Skeppsholmen– Djurgården) und Nr. 89 Ekerö-Stockholm. Kauf dir am besten eine SL-Accesskarte (20 SEK). Die kannst du mit einer größeren Summe aufladen.

Infos unter sl.se

U-BAHN-KUNST

In rund 90 Stationen der Tunnelbana (U-Bahn) in Stockholm kannst du Kunstwerke quasi umsonst bestaunen. Mehr als 150 Künstler haben dazu beigetragen. Es gibt geführte Gratistouren, du kannst aber auch einfach selbst auf Entdeckungsreise gehen. Besonders toll sind die Haltestellen Kungsträdgården, Stadion und Thorildsplan.

Infos unter konst.sl.se/konstverk

STOCKHOLM PASS

Der Stockholm Pass berechtigt zum freien Eintritt in 60 Museen und Attraktionen und zu freien bzw. vergünstigten Bootstouren. Er gilt einen (824 SEK) bis fünf (1899 SEK) Tage und ist im Stockholm Visitor Center (Kulturhuset, Sergels torg 3) oder im Internet erhältlich.

Infos unter stockholmpass.com oder visit stockholm.com

KARTENZAHLUNG

Vielerorts kann nur noch mit Kreditkarte bezahlt werden, Bargeld wird nicht mehr akzeptiert! Ob Kino-, Museums- oder U-Bahn-Ticket, alles wird übers Handy bestellt und bezahlt. Alle gängigen Kreditkarten werden in Stockholm akzeptiert und sind sehr verbreitet – sie müssen allerdings Chip und PIN-Nummer haben.

WAS KOSTET WIE VIEL?

Kaffee ab 3,70 Euro
für einen Caffè Latte

Bier ab 5,90 Euro
für 0,5 Liter

Teelichtglas 18 Euro
Snowball von Kosta Boda (9 cm)

Brühwurst ab 2 Euro
mit Brot auf die Hand

Taxi 1,21–1,32 Euro
pro Kilometer plus 4 Euro Grundgebühr

Das Baltikum entdecken!

TALLINN

Seinen besonderen Charme bezieht Tallinn aus dem Nebeneinander von Historie und Moderne, von Ruhe und Weltläufigkeit, von russischen Einflüssen und skandinavischem Flair. Mag die mittelalterliche Innenstadt eine der am besten erhaltenen Europas sein – hinter der historischen Fassade schlägt ein junges und ehrgeiziges Herz. Musik und Mode, Design und IT – zu allem fällt den kreativen Bewohnern etwas ein. Lass dich treiben und Tallinn erzählen. Du wirst sehen: Die kleine Stadt steckt voller Zauber. Und vergleichsweise günstig ist sie obendrein.

Abends in der Altstadt

DIE BESTEN SEHENSWÜRDIGKEITEN

Das solltest du nicht verpassen! Auch wenn der eine oder andere Eintritt nicht immer den Geldbeutel schont, diese Sehenswürdigkeiten gehören zu Tallinn einfach dazu!

NIKOLAIKIRCHE

In dieser schön restaurierten Kirche befindet sich Tallinns bedeutendster Kunstschatz: Bernt Notkes Gemälde „Totentanz".

Letzter Mi im Monat Eintritt 3 Euro, sonst 12 Euro | Niguliste 3 | nigulistemuuseum.ekm.ee | Bus, Straßenbahn: Vabaduse väljak

RATHAUS

Tallinns ganzer Stolz: das einzige vollständig erhaltene gotische Rathaus in Nordeuropa.

Eintritt Rathaus 5 Euro (nur nach Anmeldung), Turm 4 Euro | Raekoja plats 1 | raekoda.tallinn.ee | Bus, Straßenbahn: Viru

STADTMAUER

Die am besten erhaltene Stadtmauer in Europa kannst du ein Stück begehen.

Eintritt 3 Euro | Aufgang z. B. Suur-Kloostri/Ecke Väike-Kloostri | Bus, Straßenbahn: Balti jaam

RATHAUSPLATZ

Tallinns Herz: Straßencafés und Kneipen vor bildschönen gotischen Fassaden.

Bus, Straßenbahn: Viru

BALTISCHER MARKT AM BAHNHOF

Die riesige Markthalle hinterm Bahnhof ist Tallinns Einkaufsparadies und Treffpunkt Nummer eins.

Kopli 1 | astri.ee/bjt | Bus, Straßenbahn: Balti jaam

10 x Tallinn

DOMKIRCHE

Mitten auf dem Domberg steht eine der ältesten Kirchen Estlands. Hier wurde bereits im 13. Jh. für die deutschen Ritter die Messe gelesen.

€ Eintritt Kirche frei, außerdem jeden Samstag kostenlose Orgelkonzerte

Eintritt Turm 5 Euro | Toomkooli 6 | toomkirik.ee | Bus, Straßenbahn: Balti jaam

KUMU

Schon fast ein Klassiker: Das nationale Kunstmuseum KUMU, das größte Museum von ganz Estland, ist in einem hypermodernen Bau untergebracht.

Letzter Mi im Monat Eintritt 3 Euro, sonst 12 Euro | Weizenbergi 34 | kumu.ekm.ee | Straßenbahn: Kadriorg, Bus: Kumu oder J. Poska

TELLISKIVI CREATIVE CITY

Die Kreativfabrik im Hipsterviertel Kalamaja beeindruckt mit schrägen Shops, coolen Kneipen und Kulturtreffs wie dem Fotografiemuseum.

Eintritt Fotografiemuseum ab 12 Euro | Telliskivi 60a | fotografiska.com/tallinn, telliskivi.eu | Straßenbahn: Telliskivi, Bus: Ajutine peatus

MEERESMUSEUM IM WASSERFLUGHAFEN

Estlands militärische und maritime Geschichte wird mit Kriegsschiffen und Eisbrechern lebendig.

Eintritt 15 Euro, Kombiticket mit Estnischem Schifffahrtsmuseum in der Dicken Margarete 25 Euro | Küti 17/Vesilennuki 6 | lennusadam.eu

SCHLOSS KATHARINENTAL

Das pinkfarbene Schloss ließ Zar Peter I. erbauen – heute ist der Bau Heimat von Tallinns Sammlung ausländischer Kunst.

€ Eintritt in Blumengarten und Schlosspark frei

Eintritt Schloss 9 Euro, Kombiticket mit Mikkel-Museum 13 Euro | Weizenbergi 37 | kadriorumuuseum.ekm.ee | Straßenbahn: Kadriorg, Bus: J. Poska

Rathausplatz mit gotischem Rathaus

MEHR ERLEBEN

Tallinner Sängerfest

Gerade mal 1,4 Mio. Estinnen und Esten gibt es, aber ein Drittel von ihnen lebt in der Hauptstadt Tallinn. Kein Wunder also, dass es dort viel – und dazu Außergewöhnliches – zu entdecken gibt, von Museen bis hin zu tollen Festen. Und noch einiges mehr ...

DER SOUND DES BALTIKUMS

Legendäres, in wechselnden baltischen Hauptstädten stattfindendes Fest mit tausendstimmigen Chören und Tanzgruppen, das die UNESCO zum Welterbe zählt. In Tallinn ist die Riesenarena Lauluväljak Austragungsort – allerdings nur alle fünf Jahre.

GROSSES SÄNGERFEST

Lauluväljak, Narva mnt 95 | nächste Termine und Tickets s. Webseite | laulupidu.ee | Bus: Lasnamägi, Oruvärava

FÜR DEN ÜBERBLICK

Aussichtsterrassen mit traumhaft schönem Blick über die Unterstadt, auf die Alexander-Newski-Kathedrale, den Turm der Domkirche, uralte Häuschen dazwischen und das Meer in der Ferne.

AUSSICHTSTERRASSE PATKULI REPP JA VAATEPLATS

Eintritt frei | Rahukohtu 5| Bus, Straßenbahn: Balti jaam

AUSSICHTSTERRASSE KOHTUOTSA VAATEPLATS

Eintritt frei | Kohtu 12 | Bus, Straßenbahn: Balti jaam

WEITHIN SICHTBAR

Mit seinen zierlichen Kuppeln auf dem weiß-orangefarbenen imposanten Bau ist das Gotteshaus besonders eindrucksvoll. Wenn du hineingehst, bekommst du durch die prachtvollen Mosaike und schönen Ikonen einen kleinen Einblick in den orthodoxen Glauben.

ALEXANDER-NEWSKI-KATHEDRALE
Eintritt frei | Lossi plats 10 | nevskysobor.ee | Bus, Straßenbahn: Vabaduse väljak

Alexander-Newski-Kathedrale

AB AN DEN STRAND

Einmal am Meer durchpusten lassen oder in der Sonne dösen? Dann fahr nach Pirita, wohin es vor allem die jungen Tallinner zieht. Die Busfahrt dauert je nach Verbindung ca. 25 Minuten – oder du nimmst das Fahrrad (Fahrradverleih ► S. 23).

Bus: Pirita

POP-UP-KUNST

Weil Kunsthalle und Art Hall Gallery im Moment renoviert werden, finden die Ausstellungen mit zeitgenössischer Kunst der Hauptstadt jetzt in zwei Ersatz-Locations statt.

TALLINN ART HALL LASNAMÄE PAVILION
Eintritt frei | Jaan Koorti 24 | Bus: Kotakt kauplus

TALLINN CITY GALLERY
Eintritt frei | Harju 13 | kunstihoone.ee | Bus: Vabaduse väljak

VIEL THEATER

Experimentelles Theater – zwar auf Estnisch, aber oft sind die Inszenierungen sehr aufs Visuelle ausgerichtet, sodass auch Theaterinteressierte ohne Estnisch-Sprachkenntnisse auf ihre Kosten kommen. Nebenbei ist das Von Krahl aber auch ein viel besuchter **Insider-Tipp** Club, in dem immer mal wieder junge Modedesigner ihre neuen Kollektionen vorstellen und alternative Bands auftreten.

VON KRAHL
Eintritt je nach Veranstaltung 10–30 Euro | Rataskaevu 10 | vonkrahl.ee | Bus, Straßenbahn: Balti jaam

Restaurant Peatus im Telliskivi-Viertel

ESSEN & TRINKEN

Zugegeben, die traditionelle estnische Küche ist nicht besonders aufregend, aber in Tallinn, wo Ost und West aufeinandertreffen, hat sich eine spannende Food-Szene entwickelt. Und das Bier ist hervorragend!

KREATIVKÜCHE

Das Alternativ-Viertel Telliskivi ist ein perfektes Ziel zum ausgiebigen Schlemmen. Zwischen den Gebäuden des Kreativcampus und der Markthalle stehen Foodtrucks mit exotischen und preiswerten Leckereien. Insider-Tipp So bekommst du z. B. hervorragendes indisches Tandoori Chicken Tikka im Spice Wagon oder Borschtsch in den ausrangierten Eisenbahnwaggons von Peatus.

SPICE WAGON
Telliskivi 62 | facebook.com/indiarestoran

PEATUS
Telliskivi 62 | facebook.com/PeatusTelliskivi | Straßenbahn: Telliskivi, Bus: Ajutine peatus

VEGANER AUGENÖFFNER

Die veganen Gerichte werden so zubereitet, dass sie auch Fleischessern schmecken. So kommen die Fischburger ohne Fisch, aber mit Süßkartoffeln auf den Teller. Du wirst in freundlichem, rustikalem Altstadtambiente bedient. Abends besser reservieren.

VEGAN RESTORAN V
Rataskaevu 12 | veganrestoran.ee | Bus, Straßenbahn: Balti jaam

Unbedingt probieren!

PFANNKUCHEN MAL 29

Eine Institution mitten in der Altstadt ist dieses Pfannkuchenhaus. Ob die sehr leckeren Crêpes oder die nahrhaften Pfannkuchen, alle Mehl-Eier-Speisen haben ein sehr gutes Preis-Leistungs-Verhältnis.

KOMPRESSOR
Rataskaevu 3 | kompressorpub.ee | Bus, Straßenbahn: Balti jaam

BIERTEMPELCHEN

24 eigene Craftbiere stehen im Ausschank der gleichnamigen Brauerei zur Wahl, dazu passen die deftigen Speisen vom Grill (z. B. Spareribs).

PÖHJALA TAP ROOM
Peetri 5 | pohjalabeer.com | Bus: Noblessneri, Volta

GUT & GÜNSTIG

Urgemütliche Altstadtkneipe – die älteste der Stadt! – mit vielen einheimischen Gästen. Große Auswahl an estnischen Bieren; gelegentlich spielen Livebands. Sehr preiswertes Essen.

KARJA KELDER
Väike-Karja 1 | facebook.com/karjakelderpub | Bus, Straßenbahn: Viru

MORGENS & MITTAGS

Restaurant mit integrierter Bäckerei, Delikatessen- und Weinhandlung. Hier bekommst du Frühstück mit hausgemachten Backwaren und vielfältigen Eierspeisen, aber auch Leckeres zum Lunch und donnerstags und freitags außerdem eine Abendkarte.

TSUNFT
Toom-Kuninga 21 | facebook.com/tsunftuusmaailm | Bus: Uus maailm, Kosmos

COFFEESHOP

Das Café bietet eine große Auswahl an leckeren Kuchen, aber auch Suppen, Salate und Sandwiches in einem Seitensträßchen vom Rathausplatz.

SAIAKANGI KOHVIK
Saiakang 3/5 | facebook.com/Saiakangi kohvik | Bus, Straßenbahn: Balti jaam

100 % vegan im Vegan Restoran V

STYLISH & SLAWISCH

Ausgezeichnetes, auf moderne slawische Küche spezialisiertes Restaurant. Allein die gekonnte Präsentation der Gerichte macht Lust, immer wieder herzukommen.

MOON
Võrgu 3 | restoranmoon.ee | Bus: Kalarand

SHOPPEN

Balti Jaama Turg – Baltischer Markt

Ungewöhnlich viele Handwerks- und Kunstgeschäfte bereichern das Shopping-Erlebnis. Und das Beste: Die meisten Läden haben sieben Tage die Woche geöffnet!

300 HÄNDLER AUF 3 ETAGEN

Baltischer Markt am Bahnhof und Treffpunkt der Hauptstädter schlechthin. Du findest hier alles von Tee bis Trödel, viele Leckereien, Bänke zum Ausruhen und natürlich kostenloses WLAN. **Insider-Tipp** Der quicklebendige, farbenfrohe Markt ist eine Fundgrube für Fotofans!

BALTISCHER MARKT

Balti Jaama Turg, Kopli 1 | astri.ee/bjt | Straßenbahn: Telliskivi

LOKAL & NACHHALTIG

Tischwäsche, Schmuck, Wollwaren, Keramik, Leder- und Filzartikel sowie Kulinarisches – unter einem Dach. Eine gute Gelegenheit, um sich mit schönen Mitbringseln einzudecken.

EESTI ESINDUS

Viru tänav 3 | estonianshop.com | Bus, Straßenbahn: Viru

DESIGNERMODE

Klassische, city- und bürotaugliche Mode des estnischen Designers Ivo Nikkolo. Seine Linie ist ebenso attraktiv wie preislich moderat.

IVO NIKKOLO

Suur-Karja 14 | ivonikkolo.andmorefashion.com | Bus, Straßenbahn: Viru

UPCYCLING

Schickes aus zweiter Hand und Entwürfe junger estnischer Designer aus recycelten Materialien.

AGAN AS GOOD AS NEW

Rotermanni 5 | facebook.com/agandesign | Bus: Ahtri

MADE IN ESTONIA

Jung, trendig, glamourös und auch noch preiswert – Damen- und Herrenmode des einheimischen Labels Monton.

MONTON

Viru Shopping Centre, Viru väljak 4–6 | montonfashion.com | Bus, Straßenbahn: Mere puiestee

GUT ZU WISSEN

KOMBITICKETS FÜR MUSEEN

Für die Tallinner Museen gibt es verschiedene Kombitickets. Für 36 Euro kannst du die folgenden fünf Museen besuchen: Kumu, Schloss Katharinental, Mikkel-Museum, Nikolaikirche and Adamson-Eric-Museum. 22 Euro zahlst du für das Kumu, Schloss Katharinental und Mikkel-Museum. Ins Schloss Katharinental und das Mikkel-Museum kommst du für 13 Euro und für 15 Euro kannst du Nikolaikirche und das Adamson-Eric-Museum besuchen. Außerdem haben die meisten Museen am letzten Mittwoch im Monat freien Eintritt.

Spar-tipp

PREISE

Nur wenige Hauptstädte bieten ein vergleichbares gastronomisches Angebot zu so günstigen Preisen. Auch die Hotels kosten vor allem am oberen Ende der Preisskala nur etwa die Hälfte von dem, was du in anderen europäischen Metropolen bezahlst. Bus- und Taxifahren ist ebenfalls preiswert. Anders sieht es bei westlicher Markenkleidung aus. Die bekommst du hier kaum billiger. Es lohnt sich, nach einheimischer Ware Ausschau zu halten.

FAHRRAD LEIHEN

In der Altstadt ist das Radeln aufgrund des Kopfsteinpflasters eine holperige Angelegenheit, pass also ein bisschen auf. Ausflüge ans Meer lassen sich perfekt mit dem Fahrrad machen. Mieten kannst du bei:

CITY BIKE
Fahrrad ab 8 Euro bis 3 Std., 16 Euro/24 Std. | Vene 33 | citybike.ee | Straßenbahn: Kanuti

KAJAK- & KANUFAHREN

Die Stadt vom Meer aus erleben oder eine Kanutour auf dem Fluss Keila – entweder geführt oder allein. Kajaks und Kanus mieten kannst du z. B. bei:

360 DEGREES
Kajak/Kanu ab 20 Euro/Tag, 35 Euro/Wochenende | Liivalao 22 | 360.ee | Bus: Liiva

TALLINN CARD

Mit der Tallinn Card kommst du gratis in über 40 Museen und Sehenswürdigkeiten, nutzt öffentliche Verkehrsmittel sowie diverse Besichtigungstouren unentgeltlich oder ermäßigt und bekommst Preisnachlässe in diversen Restaurants und Geschäften. Sie kostet für 24 Std. 35 Euro, für 48 Std. 52 Euro und für 72 Std. 62 Euro.

Infos unter tallinncard.ee

WAS KOSTET WIE VIEL?

Cappuccino 2,50–3 Euro
für eine Tasse

Gebäck 1,50–2 Euro
für ein Stück Kuchen

Bier 4 Euro
für 0,5 l einer einheimischen Marke

Fahrrad ab 12 Euro
Miete für sechs Stunden

Konzert 8–15 Euro
für eine Eintrittskarte

Die düstere Schönheit

EDINBURGH

Edinbarra – so sagt's schnarrend der Schotte – ist eine Naturbegabung. Vulkanismus und Eiszeiten ließen am Meeresarm Firth of Forth eine schroffe Hügellandschaft zurück, wohinein sich die Stadt organisch fügt. Eine Königsburg wie ein Adlerhorst aus dem 7. Jh. bildete den Grundstein, die Stadt legte sich später zu Füßen des Edinburgh Castle. In Europas Metropolenkonzert spielt Edinburgh zwar kaum die erste Geige – den lautesten Dudelsack aber schon! Wie du die Stadt auf günstige Weise erleben kannst, erfährst du mit unseren Tipps.

Blick von Calton Hill

DIE BESTEN SEHENSWÜRDIGKEITEN

Das solltest du nicht verpassen! Auch wenn der eine oder andere Eintritt nicht immer den Geldbeutel schont, diese Sehenswürdigkeiten gehören zu Edinburgh einfach dazu!

EDINBURGH CASTLE

Seit mehr als 800 Jahren der einzige Wolkenkratzer der Stadt.

Eintritt £ 19,50 (Vorabbuchung online!) | Castlehill | edinburghcastle.scot | Bus, Tram: Princess St, Bus: The Mound, Waverley Bridge

SCOTTISH PARLIAMENT

Der geniale Jahrhundertbau für das moderne Schottland ist ein faszinierender Kontrast zur Altstadt.

Eintritt frei, Führungen kostenlos

Canongate | parliament.scot | Bus: Scottish Parliament

ROYAL MILE

Edinburghs mittelalterliche Meile führt zwischen historischen Hochhäusern von der Burg hinunter zum Schloss.

royal-mile.com | Bus: u. a. The Mound, Waverley Bridge, Scottish Parliament

SCOTTISH NATIONAL GALLERY OF MODERN ART

Gleich zwei neoklassizistische Gebäude mit Kunst der letzten 100 Jahre liegen am Rand einer dörflichen Idylle.

Eintritt Dauerausstellung frei

Eintritt Sonderausstellungen s. Webseite | 75 Belford Rd | nationalgalleries.org | Bus: Gallery of Modern Art

THE GRAIN STORE

Eine Restaurantformel, die satt und romantisch aufgeht: schnörkellose Altstadtmauern gepaart mit coolem Service und brillanter schottisch-französischer Küche – und sogar bezahlbar!

30 Victoria St | grainstore-restaurant.co.uk | Bus: Victoria St, Grassmarket

10 x Edinburgh

EDINBURGH FESTIVAL FRINGE

Der Welt größtes Kulturfestival mit Gauklern, Comedy, Talenten und ganz großen Stars.

3 Wochen im Aug. | Eintritt frei bzw. je nach Veranstaltung | edfringe.com

CALTON HILL

Vulkanhügel mit skurrilem Gebäudeensemble, modernster Kunst, Restaurant und traumhaftem Stadtblick zum Sunset.

Bus: St Andrew's House, Leopold Place

CAFÉ ROYAL CIRCLE BAR

Elegantes Barock-Pub in viktorianischem Design.

19 West Register St | caferoyaledinburgh.com | Bus: Princess St

LEITH

Der alte Hafen vor der Stadt ist das Ausgehmekka mit zwei Sterneköchen, Streetfood-Halle und royaler Yacht.

Bus: Bernard St, Tram: Port of Leith

GEORGE STREET

Shoppen und Bummeln in schicker Atmosphäre: Die Fashion Mile mit eitler georgianischer Architektur ist das New-Town-Gegenstück zur Royal Mile.

edinburghgeorgestreet.co.uk | Bus: George St

Princes Street Gardens

Straßenkünstler auf dem Grassmarket

MEHR ERLEBEN

Auch vor und nach dem Fringe Festival ist in Edinburgh jede Menge los. Hier findest du ein paar lohnende Tipps „off the beaten track", die für kleinere Reisebudgets taugen.

MEMENTO MORI

Der schräge Greyfriars-Friedhof ist Poesiealbum und Traueraltar. Nix Grabesstille: Hier spukt's! Die Leichendiebe gruben hier für einen Anatomieprofessor Bestattete aus. Donnerstags Gratiskonzerte in der dazugehörigen Kirche.

GREYFRIARS KIRKYARD
Eintritt frei | 26 A Candlemaker Row | greyfriarskirk.com | Bus: Forrest Rd

NATIONALHEILIGE

Das Who's who der schottischen Gesellschaft, festgehalten in jeder erdenklichen Art von Porträt: schottische Helden von Sean Connery über Autor Irvine Welsh und Fußballtrainer Alex Ferguson bis zu Bonnie Prince Charlie und, natürlich, Mary Stuart.

SCOTTISH NATIONAL PORTRAIT GALLERY
Eintritt frei | 1 Queen Street | nationalgalleries.org | Bus: Dublin St

Kultur-tempel

PRACHTBAU VON 1994

Moderner Tanz, Oper, Schauspiel – kurz: Alles, was Rang und Namen hat, tritt hier auf. Interessant ist auch der Stilmix aus altem Jugendstil-Theaterbau und moderner Glasarchitektur. Drinnen finden gut 1900 Besucher Platz. Im Café gibt es guten Lunch.

FESTIVAL THEATRE
Eintritt ab £ 8 | 13–29 Nicolson St| capitaltheatres.com | Bus: Nicolson Square

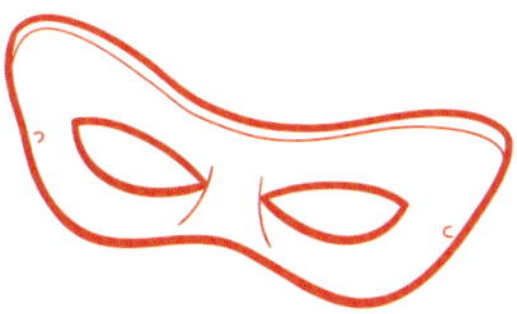

National Museum of Scotland

KINDERTRÄUME

Wundervolle Exponate im ersten Kindheitsmuseum der Welt zeigen, wie man in Edinburgh aufwuchs. Vielleicht wird hier auch bei dir die eine oder andere Erinnerung wach?

MUSEUM OF CHILDHOOD €
Eintritt frei | 42 High Street | edinburghmuseums.org.uk

SO GEHT SCHOTTLAND!

Hier wird dir all das serviert, was das Land ausmacht und was es der Welt gegeben hat: das Beil der Edinburgher Guillotine, Erhellendes zum Klon-Schaf Dolly, minimalistische Modekreationen der 1995 verstorbenen Designerin Jean Muir – und noch vieles mehr aus der Welt der Technik, dekorativer Kunst, des Designs, der Mode und der Wissenschaft.

NATIONAL MUSEUM OF SCOTLAND €
Eintritt frei | Chambers St | nms.ac.uk | Bus: National Museum of Scotland

BOULE AUF EIS

Was vereint Yogadehnungen, Gruppenspaß beim Kalorien verbrennenden Wischen, kufenloses Eislaufen sowie Taktieren wie beim Brettspiel? Curling! Vor 500 Jahren wurde der Sport in Schottland erfunden und boomt. **Insider-Tipp** Von September bis März vergnügen sich Edinburgher mit Indoor-Curling im Murrayfield Curling Rink.

MURRAYFIELD CURLING RINK
2 Std. Schnupperkurs ab £ 10, Termine s. Website| 13 A Riversdale Crescent | edinburghcurling.co.uk/try-curling | Bus: Murrayfield Rd

Edinburgh Farmers' Market

ESSEN & TRINKEN

Wer bei schottischem Essen nur an *haggis* denkt, hat mehrere Jahrzehnte verschlafen. Der Food-Hype der jüngeren Vergangenheit ist auch an Edinburgh nicht spurlos vorübergangen. Probier einfach mal paar Läden aus!

PANCAKES, BURGER, HOTDOGS

Hier ist das Thema ganz klar vorgegeben: American Diner. Die Preise für Burger und Getränke sind vergleichsweise niedrig, Frühstück für Eulen mit Tasse Gratiskaffee gibt's bis spätabends. Happy Hour für Drinks.

THE CITY CAFE
19 Blair St | thecitycafe.co.uk | Bus: South Bridge

REAL ALE AND MORE

Preiswertes Vergnügen auf der George Street. Gute Kombiangebote, z. B. für *fish 'n' chips plus pint*. Der Besitzer der 600-Pubs-Kette hält die Bierpreise niedrig.

THE ALEXANDER GRAHAM BELL
128 George St | jdwetherspoon.com | Bus: George St

PREIS-LEISTUNGS-PUB

Pubrestaurant in einem Gebäude aus dem 17. Jh., das zum königlichen Gebäudekomplex von James I gehörte. Rustikales Interieur und große Portionen von gehobenem *pubfood*.

KING'S WARK
36 The Shore | kingswark.co.uk | Bus: The Shore, Bernard St

ENJOY THE KALPNA EXPERIENCE!

Nicht irgendein Inder, sondern das Gujarati/Punjabi-Restaurant, das seit über 40 Jahren in aller Munde ist. Beste vegetarische und vegane Küche. **Insider-Tipp** Schmause hier vom All-you-can-eat-Lunchbüfett für ca. 10 Euro.

KALPNA
2–3 St Patrick Square | kalpnarestaurant.com | Bus: St Patrick Square

KEINE HEXEREI

Opulent dinieren in Originalatmosphäre des 16. Jhs.: Wer das dunkelpompöse Restaurant betritt, kann sich gut vorstellen, dass hier die Geister verurteilter Hexen umgehen sollen. Serviert wird gehobene schottische Küche. Interessant sind die Zwei-Gänge-Lunch-Menüs für je £ 30.

THE WITCHERY
Castlehill | thewitchery.com | Bus: The Mound, Victoria St, Grassmarket

VIEL ATMOSPHÄRE

Kleine Nachbarschafts-Kneipe mit großem Herz für durstige Besucher. Die Atmosphäre ist sehr liebevoll, mit Accessoires wie Tischfußball, Jukebox und einem Knochenschädel. Kleiner Biergarten.

STARBAR
1 Northumberland Place | facebook.com/starbaredinburgh | Bus: Great King St

BREAKFAST TO GO

Der Spezialitätenmarkt westlich vom Castle sollte deinen Samstag einläuten. Das Warenangebot von Fisch, Käse, *pickles*, Backwaren und Gemüse lässt ganz schön Appetit aufkommen. Wenn du noch nicht gefrühstückt hast, kann dein Tag hier sogar mit *takeaway-porridge* beginnen.

FARMERS' MARKET
Sa 9–14 Uhr | Castle Terrace | edinburghfarmersmarket.co.uk | Bus: Castle Terrace

FÜR JEDE TAGESZEIT

Von lecker aufgemotztem *porridge* und Sauerteig-*flatbreads* in der Früh über Bier, Prosecco und Burger und mehr bis Mitternacht, Livebands, große Tische – kurz, ein echtes Event.

BREWHEMIA
1a Market Street | brewhemia.co.uk | Bus: North Bridge

Fish 'n' Chips mit Tartar-Sauce

SHOPPEN

Scotch and more bei Royal Mile Whiskies

Die Princes Street und die Royal Mile sind die Haupteinkaufsstraßen der Stadt. Dort findest du alles, was es auch zu Hause gibt. Ungewöhnliches versprechen diese Tipps.

GUTES FÜR WENIG GELD

Kleiner Modeladen mit Designerkreationen. Hier findest du Modeschnäppchen, die du dir sonst nicht leisten würdest.

CORNICHE
2 Jeffrey St | corniche.org.uk | Bus: New St

SCOTCH, SCOTCH, SCOTCH

Angeblich hat der Laden mehr als 300 Whiskysorten im Angebot und du darfst gern testen.

ROYAL MILE WHISKIES
379 High Street | royalmile whiskies.com | Bus: Victoria St

FÜR ECHTE SCHOTTEN

Ein Karo- und Tartan-Shopping-Muss ist dieses fünfstöckige Geschäft. Du kannst dich sogar im Kilt fotografieren lassen.

TARTAN WEAVING MILL
555 Castle Hill | thetartan weavingmill.co.uk | Bus: The Mound, Victoria St

UNTER EINHEIMISCHEN

In der zentralen Straße reiht sich ein Lädchen ans nächste. Hier kaufen Edinburgher ein – in Geschäften, in denen es viel zu gucken und manche Kuriosität zu ergattern gibt.

RAEBURN PLACE
Bus: Raeburn Place

FÜR MITBRINGSEL

Knöpfe und Broschen mit Highland-Muster im Upcycle-Look, Untersetzer mit coolen rothaarigen Kühen – alles in einem Laden ohne Kitsch mit gekonnten Gestaltungsideen von rund 50 unabhängigen Designern.

AN INDEPENDENT ZEBRA
88–92 Raeburn Place | anindependentzebra.com | Bus: Cheyne St

GUT ZU WISSEN

STADTFÜHRUNGEN FÜR LAU

Zweieinhalbstündige kostenlose, gut geführte Touren von Sandemans New Europe gibt es dreimal täglich auf Englisch, einmal täglich auch auf Deutsch – du zahlst hinterher, was dir die Tour wert war. Zweistündige, ebenfalls kostenlose Touren auf Englisch mit City Explorers Edinburgh starten dreimal täglich.

SANDEMANS NEW EUROPE
Treffpunkt: 130 High Street | neweuropetours.eu | Bus: Museum of Childhood, South Bridge

CITY EXPLORERS EDINBURGH
Treffpunkt: 154 High Street | edinburghfreetour.com | Bus: Museum of Childhood, South Bridge

FAHRRAD LEIHEN

Ein Netz aus Wegen entlang Ex-Bahnstrecken verschafft Radlern gut 75 km Strecke abseits des Straßennetzes in und um Edinburgh herum. Fahrräder leihen kannst du z. B. bei:

BIKETRAX
Fahrrad ab £ 28/24 Std. | 2 Fountainbridge | Bus: Grove St

PEDAL FORTH
Fahrrad £ 15/4 Std., £ 20/24 Std.| 247 Leith Walk | pedalforth.co.uk | Bus, Tram: Balfour St

CYCLE SCOTLAND
Fahrrad £ 30/24 Std. | 29 Blackfriars St | cyclescotland.co.uk | Bus: Museum of Childhood

Für umsonst!

MUSEEN

Öffentliche Museen besuchst du umsonst; bei manchen Sonderausstellungen kann es sein, dass ein Eintritt erhoben wird – das findest du dann jeweils auf der Webseite des Museums. Spenden werden gern gesehen.

EDINBURGH CITY PASS

Der Edinburgh City Pass (£ 50/1 Tag, £ 75/2 Tage, £ 90/3 Tage) deckt die Flughafenfahrt mit der Tram sowie 18 ausgesuchte Highlights ab. Allerdings solltest du dir das zuvor ausrechnen, denn es müssen schon einige Attraktionen besucht werden, damit sich der Pass rentiert.

Infos unter edinburgh.org/pass

WAS KOSTET WIE VIEL?

Malt Whisky ab 45 Euro
für eine Flasche

Taxi 12 Euro
für die Kurzstrecke (3 km)

Fish 'n' Chips ab 8 Euro
an der Imbissbude

Kaffee 3 Euro
für eine Tasse

Suppe 7 Euro
für einen Teller im Pub

Das volle Leben!

KOPENHAGEN

Kann eine Stadt cool und hyggelig zugleich sein, also gut gebaut und kuschelig? Kopenhagen kann! Und das lässig. Die City und einige Viertel sind historisch-hübsch mit viel Kopfsteinpflaster, kupfernen Türmchen und Souterrains bestückt, während Architekten kühne Träume in umgenutzten Rand- und Hafengebieten verwirklichen dürfen. Mittendrin regiert das Fahrrad. Und auch wenn die Stadt teuer ist – wenn du weißt, wo du wenig Geld ausgibst, verpasst du hier gar nichts!

Sonne tanken in Christianshavn

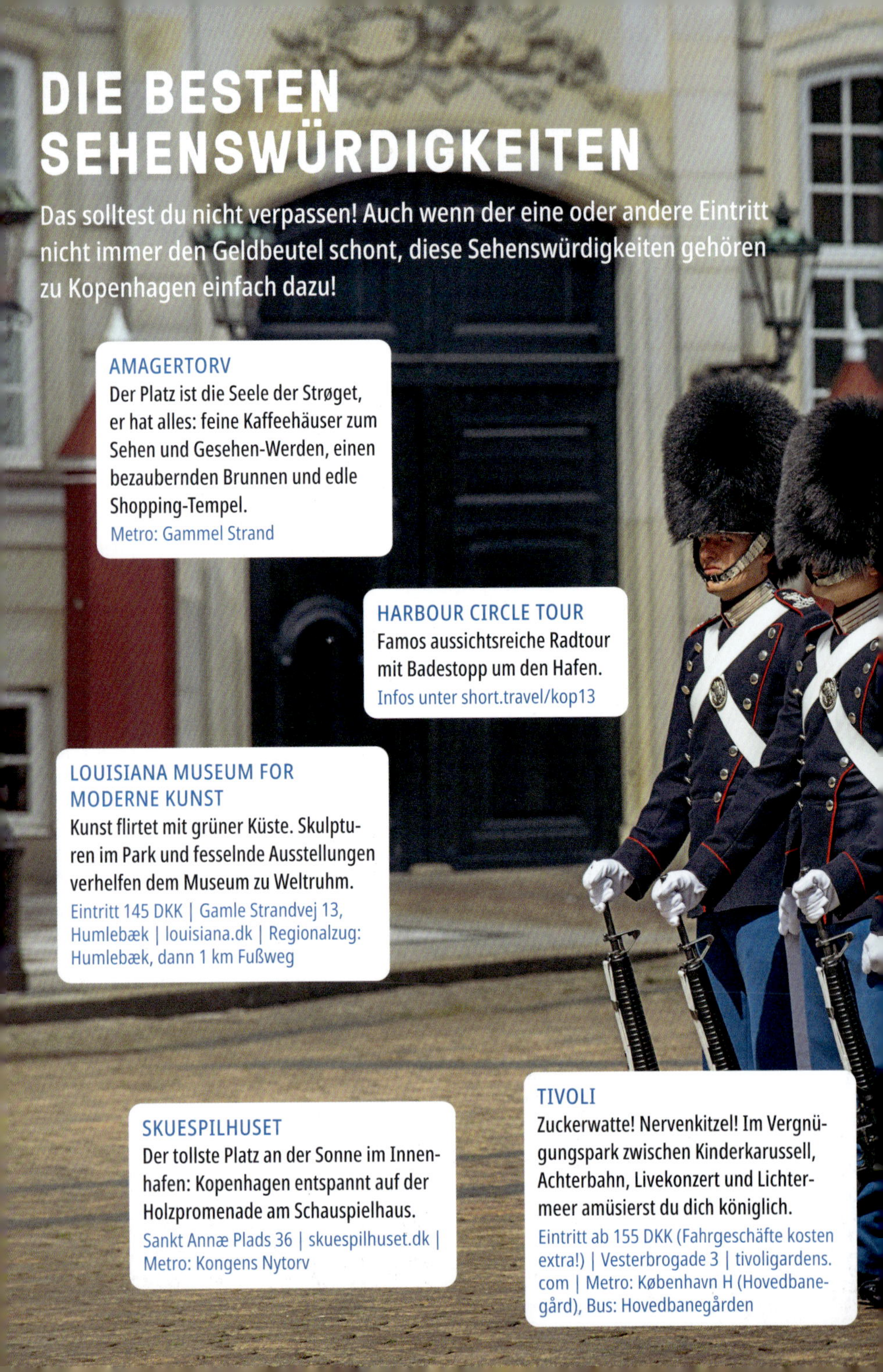

DIE BESTEN SEHENSWÜRDIGKEITEN

Das solltest du nicht verpassen! Auch wenn der eine oder andere Eintritt nicht immer den Geldbeutel schont, diese Sehenswürdigkeiten gehören zu Kopenhagen einfach dazu!

AMAGERTORV

Der Platz ist die Seele der Strøget, er hat alles: feine Kaffeehäuser zum Sehen und Gesehen-Werden, einen bezaubernden Brunnen und edle Shopping-Tempel.

Metro: Gammel Strand

HARBOUR CIRCLE TOUR

Famos aussichtsreiche Radtour mit Badestopp um den Hafen.

Infos unter short.travel/kop13

LOUISIANA MUSEUM FOR MODERNE KUNST

Kunst flirtet mit grüner Küste. Skulpturen im Park und fesselnde Ausstellungen verhelfen dem Museum zu Weltruhm.

Eintritt 145 DKK | Gamle Strandvej 13, Humlebæk | louisiana.dk | Regionalzug: Humlebæk, dann 1 km Fußweg

SKUESPILHUSET

Der tollste Platz an der Sonne im Innenhafen: Kopenhagen entspannt auf der Holzpromenade am Schauspielhaus.

Sankt Annæ Plads 36 | skuespilhuset.dk | Metro: Kongens Nytorv

TIVOLI

Zuckerwatte! Nervenkitzel! Im Vergnügungspark zwischen Kinderkarussell, Achterbahn, Livekonzert und Lichtermeer amüsierst du dich königlich.

Eintritt ab 155 DKK (Fahrgeschäfte kosten extra!) | Vesterbrogade 3 | tivoligardens.com | Metro: København H (Hovedbanegård), Bus: Hovedbanegården

10 x Kopenhagen

AMALIENBORG SLOT

Vier Barockpalais dienen dem dänischen Königshaus als Stadtresidenz. Wachwechsel zum High Noon! Bei gebührendem Anlass winkt die Königin vom Balkon.

Eintritt 35 DKK, Turm 35 DKK | Frederiksgade 4 | marmorkirken.dk | Metro: Marmorkirken, Bus: Fredericiagade

ØRESTAD

Kopenhagen 2.0! Für so viel kreative Architektur kommt sogar die Metro ans Tageslicht.

Metro: Ørestad Station

JÆGERSBORGGADE

Sauerteigbäcker, Cafés, Porridgebar, Schmuckdesignerinnen – Nørrebros hippste Straße bezaubert mit kreativen Ideen.

Bus: Jægersborggade

DEN BLÅ PLANET

Das Aquarium am Amager Strand macht dramatisch die Welle: drinnen mit tiefblauem Wasser voll mit tierischen Bewohnern, von außen als nordseegrauer Strudel aus Aluminium.

Eintritt 210 DKK | Jacob Fortlingsvej 1 | denblaaplanet.dk | Metro: Kastrup, Bus: Jacob Fortlingsvej

KØDBYEN

Das Ex-Schlachterviertel ist jetzt ein kernig-postindustrielles Feier- und Speisequartier.

S-Bahn, Bus: Dybbølsbro

Wachablösung vor Schloss Amalienborg

MEHR ERLEBEN

Ny Carlsberg Glyptotek, Palmengarten

Kopenhagen ist jung und vielfältig, seine museale Szene breit gefächert. Vom Wasser aus eröffnen sich reizvolle Perspektiven, und wenn du von der Stadt genug hast, fährst du einfach ans Meer. Kein Wunder, dass die Dänen so glücklich sind!

KULTURZENTRUM

An jedem Abend Live-Events – insgesamt 1500 im Jahr. Huset ist seit 1970 das öffentliche Kulturwohnzimmer der Innenstadt und alles in einem: Café, französisches Bistro, Kino, Bühne. Viele ehrenamtliche Mitarbeiter sind hier am Werk, die Preise moderat. **Insider-Tipp** Wundervoll ist das Bastard Café (bastardcafe.dk), in dem sich Locals für Brett- und Gesellschaftsspiele treffen. Die Lage am kleinen Brunnen Vandkunsten, an dem auch das Downtown Hostel (preiswerte Mahlzeiten, Vandkunsten 5, copenhagendowntown.com) liegt, sorgt für jede Menge junge, internationale Aktivität auch auf der Straße.

HUSET KBH
Eintritt teilweise frei, sonst je nach Veranstaltung | Rådhusstræde 13 | huset.kk.dk | Metro: Rådhuspladsen

GROSSARTIGE KUNST

Größte Sammlung von Werken Auguste Rodins außerhalb Frankreichs und Bilder von Édouard Manet, Claude Monet, Paul Gauguin und Paul Cézanne. Unter der Kuppel kannst du dir inmitten von Palmen, subtropischem Grün und einem plätschernden Brunnen eine Pause gönnen.

NY CARLSBERG GLYPTOTEK
Di Eintritt frei, sonst 125 DKK | Dantes Plads 7 | glyptoteket.dk | Bus: Glyptoteket/Tietgensgade

AUF DEM WASSER 1

Du bist kein Opernfan? Operaen kannst du auch von außen bewundern. Bei einer preiswerten Schiffsfahrt mit dem regulären *havnebus* siehst du neben der Oper noch andere Architektur-Highlights, etwa die Königliche Bibliothek.

Einzelticket 26 DKK | moviatrafik.dk | Hafenbus ab Anlegestelle Operaen

Königlich Dänisches Theater

Beach Life!

STRANDLEBEN

Die Insel Amager hat einen 2 km langen Strand bekommen, sogar mit Lagune. Besonders reizvoll badest du am Kastrup Søbad mit tollem Blick auf den Sund und einen Badesteg, der sich zu einer schneckenförmigen hölzernen Skulptur ausdehnt.

KASTRUP SØBAD
Eintritt frei | Amager Strandvej 301 | Metro: Femøren

AUF DEM WASSER 2

Hier kannst du dir im Sommer ein Zweierkajak kostenlos ausleihen, wenn du während des Paddelns Plastik und Müll von der Wasseroberfläche sammelst. Nur mit Vorausbuchung!

GREEN KAYAK
Ausleihe kostenlos| Børskaj 12 | greenkayak.org | Bus: Børsen

KOPENHAGEN VON OBEN

In einer Stadt ohne Wolkenkratzer ist es gar nicht so einfach, den Überblick zu gewinnen. Den schönen Panoramablick vom Turm des Folketing kannst du sogar kostenlos genießen.

FOLKETING
Eintritt frei | Christiansborg | thedanish parliament.dk/the-tower | Bus: Børsen, Stormbroen, Metro: Gammel Strand

ESSEN & TRINKEN

Smørrebrød – *quasi Dänemarks Nationalgericht*

Dem Kopfrechnen vor Speisekarten folgt immer der Schreck: Mein Gott, ist das teuer! Kopenhagen gehört zu den teuersten Städten Europas. Allerdings werben Cafés und Restaurants für Frühesser, Paartrinker oder eine günstigere zweite Tasse Kaffee.

PØLSEVOGN-PARADE

Die fahrbaren Würstchenbuden, *pølsevogn*, werden jeden Morgen auf Straßen und Plätze gefahren. Mittags zur *frokost* schmeckt ein typisch dänischer Hotdog mit Ketchup, Mayonnaise, Gurken und Röstzwiebeln, z. B. auf dem Amagertorv – sogar vegan!

Amagertorv | Metro: Gammel Strand

Unbedingt probieren!

VIEL FÜRS GELD

Ob in Korbstühlen draußen oder drin am weiß gedeckten Bistrotisch – hier trifft sich ganz Christianshavn bei einem Sandwich oder Fischgericht. Die Preise sind erfreulich.

OVEN VANDE

Overgaden Oven Vandet 44 | cafeovenvande.dk | Metro: Christianshavn

LECKER HAFERBREI

Hier wird der Porridge sogar mit Olivenöl und Rhabarber serviert. Klingt schräg, ist aber sehr lecker. Dazu reiche Bowl-Auswahl mit mehr als 30 verschiedenen Toppings.

BOWL MARKET

Gasværksvej 3 | bowl-market.com | Bus: Gasværksvej

ABENDMAHL

In einer zur Begegnungsstätte umgebauten Kirche isst du jeden Abend ab 18 Uhr mit über 150 Leuten, die du kennenlernen kannst. Gerichte täglich auf der Website, dort auch vorbuchen.

FOLKEHUSET ABSALON
Ab 50 DKK | Sønder Blvd. 73 | absaloncph.dk | Metro: Enghave Plads

BESTE PIZZA

Der Koch rühmt sich, der erste Pizzabäcker Kopenhagens zu sein. **Insider-Tipp** Im Schatten der Vor Frue Kirke sitzt du draußen perfekt für fast italienisches Piazzagefühl. Vor 18 Uhr wird es noch preiswerter.

RISTORANTE ITALIANO
Fiolstræde 2 | italiano.dk | Metro: Gammel Strand

COCKTAILS FÜRS VOLK

Die selbst kreierten Drinks sind den Besuch wert. Weil's Nørrebro ist, sind auch die Preise nicht so hoch wie in der City. Wer's mag: Es ist laut und voll, die Gäste kommen sich so zwangsläufig näher. Meist bis 4 Uhr geöffnet.

KASSEN
Nørrebrogade 18 | kassen.dk | Bus: Elmegade

TRENDIG

In diesen gläsernen Markthallen kannst du gut lunchen – mit kreativ belegten Broten, Zimtschnecken, Edelkaffee und: *smørrebrød*.

TORVEHALLERNE
Frederiksborggade 21 | torvehallernekbh.dk | Metro: Nørreport

Zum Lunch in die Torvehallerne

SALOON-STYLE

Vielleicht die kultigste aller Kneipen. **Insider-Tipp** Am Billardtisch fühlst du dich wie im Western Saloon, in der einen Hand das Queue, in der anderen eine Flasche Bier. Entspannte, rauchige Atmosphäre, die Jukebox spielt Rock, das Bier ist für dänische Verhältnisse fast schon billig.

MC.KLUUD
Istedgade 126 | mckluud.dk | Metro: Enghave Plads

SHOPPEN

Dänisches Design in Illums Bolighus

Die interessanten Läden findest du in den Stadtteilen Nørrebro und Vesterbro. Das ganze Jahr über gibt es auf stimmungsvollen Flohmärkten Erstaunliches zu entdecken.

COOL & GÜNSTIG

In der superpreiswerten Designvariante eines 1-Euro-Ladens **Insider-Tipp** findest du tolle Mitbringsel, etwa einen schicken Bodum-Kaffeebereiter für schlappe 60 Kronen.

FLYING TIGER
Vesterbrogade 66 | flyingtiger.com | Bus: Frederiksberg Allé

VINTAGE-MODE

Aus dritter Hand werden Topdesigner irgendwann erschwinglich. Secondhandmode in Topzustand u. a. von Dior und YSL, wobei der Inhaberin Nachhaltigkeit wichtig ist.

THIRDHAND
Klosterstraede 24 | thirdhandvintage.com | Metro: Gammel Strand

DESIGNKLASSIKER

Hier bekommst du alles in Sachen dänisches Design – im Erdgeschoss auch bezahlbare Kleinigkeiten wie witzige, coole Küchenutensilien.

ILLUMS BOLIGHUS
Amagertorv 10 | illumsbolighus.dk | Metro: Kongens Nytorv

FLOHMARKT

Ein echter Flohmarkt mit Trödel: Möbel, Bücher, Spielzeug, Tassen und Teller aus Omas Vitrine.

FLOHMARKT NØRREBRO
Sa 9–17 Uhr | Kapelvej bis Nørrebros Runddel | Metro: Nørrebros Runddel

TEA TIME

Traditionsreiche, 1775 gegründete Porzellanmanufaktur. In den Sommermonaten kannst du den Porzellanmalern im Stammhaus am Amagertorv über die Schulter schauen. Porzellan zweiter Wahl gibt es im Factory Outlet.

ROYAL COPENHAGEN FACTORY OUTLET
Søndre Fasanvej 9 | royalcopenhagen.com | Bus: Peter Bangs Vej

GUT ZU WISSEN

COPENHAGEN CARD

Die Copenhagen Card gilt 24 Stunden (60 Euro), 48 Stunden (88 Euro), 72 Stunden (108 Euro) oder 120 Stunden (142 Euro) und erlaubt freien Eintritt in 89 Museen und Sehenswürdigkeiten sowie freie Fahrt mit allen öffentlichen Verkehrsmitteln. Du bekommst sie in Hotels, am Bahnhof, bei der Touristinformation und am Flughafen. Ob sie sich für dich lohnt, kannst du auf der Website kalkulieren.

Infos unter copenhagencard.com

KUNST KOSTENLOS

In zahlreichen Museen heißt es an einem Tag in der Woche: Eintritt frei. Am besten informierst du dich vorher auf der jeweiligen Website.

FAHRRAD LEIHEN

Wenn du nicht dein eigenes Rad mitbringst, dann leihst du dir eins. Baisikeli (Suaheli für „Fahrrad"!) z. B. führt aufgepeppte und neue Räder. Mit dem Gewinn seines Ladens finanziert Baisikeli Projekte in Ostafrika. Für größere Sprünge kannst du außerhalb der Rushhour mit dem Rad kostenlos in die S-Bahn steigen (Metro mit Zusatzticket).

BAISIKELI
Ab 125 DKK/Tag | Ingerslevsgade 80 | baisikeli.dk | Bus: Dybbølsbro St. (Ingerslevsgade)

THEATER- & OPERNTICKETS

Mit Glück erstehst du am Tag der Aufführung in der Oper oder im Kongelige Teater noch eine bis maximal vier der Restkarten im Billetcenter. Du musst diese persönlich abholen. Nicht abgeholte Karten für die Vorstellung am gleichen Tag gibt es ab 16 Uhr zum halben Preis. Das Schlangestehen lohnt sich!

BILLETCENTER OPERAEN & KONGELIGE TEATER
August Bournonvilles Passage 1 | kglteater.dk | Metro: Kongens Nytorv

BADEN

Die Innenstadt Kopenhagens ist zwar nicht unbedingt ein Badeziel, die drei kostenlosen Hafenbäder bieten aber trotzdem genügend Anreiz, Badezeug einzupacken. Kopenhagens Hafenwasser wird täglich auf seine Sauberkeit überprüft.

Infos unter svoemkbh.kk.dk/havnebade

HAVNEBADET SLUSEHOLMEN
Eintritt frei | Ben Websters Vej 69 | Bus: Sluseholmen

HAVNEBADET ISLANDS BRYGGE
Eintritt frei | Islands Brygge 14 | Bus: Isafjordsgade (Njalsgade), Havnebus: Byggebroen (Islands Brygge)

HAVNEBADET FISKETORVET
Eintritt frei | Kalvebod Brygge 55 | Bus: Fisketorvet, Havnebus: Bryggebroen (Islands Brygge)

WAS KOSTET WIE VIEL?

Cappuccino ab 4 Euro
für eine Tasse im Café

Snack ab 6 Euro
für ein smørrebrød

Bier ab 5 Euro
für 0,4 l vom Fass

Tivoli 20 Euro
für den Eintritt

Museum ab 7 Euro
für ein Ticket

Perle der Ostsee

DANZIG

Die alte Hansestadt Danzig (Gdańsk) mit dem Seebad Sopot und dem Hafen Gdynia bietet viel Abwechslung für günstige Preise – prachtvolle Bürgerhäuser, Mammutkirchen, moderne Museen, Industriedenkmäler, dazu Strände ohne Ende, Seen im waldreichen Hinterland. Und Kultur: Das ganze Jahr ist Danzig eine Bühne für diverse Veranstaltungen. Du wirst dich wohlfühlen hier! Denn Gäste waren in dieser 1000 Jahre alten und doch so jung wirkenden Stadt schließlich schon immer willkommen. Ganz nach dem Spruch über dem Triumphbogen des Goldenen Tors „Es möge wohl gehen denen, die dich lieben“.

Das Krantor, Danzigs Wahrzeichen

DIE BESTEN SEHENSWÜRDIGKEITEN

Das solltest du nicht verpassen! Auch wenn der eine oder andere Eintritt nicht immer den Geldbeutel schont, diese Sehenswürdigkeiten gehören zu Danzig einfach dazu!

FRAUENGASSE

Die schönste Straße der Rechtstadt mit dem Flair des alten Danzig.

Bus: u.a. Targ Chlebowy, Zuraw, Żabi Kruk, Straßenbahn: Żabi Kruk, Plac Solidarności

RECHTSTÄDTISCHES RATHAUS

Der Rathausturm mit seinem Glockenspiel ist ein Wahrzeichen von Danzig. Drinnen werden tolle Ausstellungen gezeigt.

Eintritt 16 Zł., Turmaufstieg 12 Zł. | Ulica Długa 46/47 | muzeumgdansk.pl | Bus: Targ Chlebowy

LANGGASSE & LANGER MARKT

Danzigs Prachtmeile mündet in einen Platz, der ringsum von Prachtbauten gesäumt ist. Von morgens bis abends herrscht beste Stimmung.

Straßenbahn, Bus: Żabi Kruk, Brama WyżynnaBus: Targ Chlebowy

MARIENKIRCHE

78 m ist ihr Turm hoch, in 30 m Höhe spannen sich die Gewölbe des Innenraums: die größte Backsteinkirche der Welt.

Eintritt 4 Zł., Turm 14 Zł. | Ulica Podkramarska 5 | bazylikamariacka.gdansk.pl | Bus: Targ Chlebowy

MUSEUM DES ZWEITEN WELTKRIEGS

Multimedial und anschaulich, unter- und oberirdisch – eines der besten polnischen Museen.

Di Eintritt frei

Eintritt 28 Zł. | Ulica Wałowa s/n | muzeum1939.pl | Bus: Muzeum II Wojny Światowej

10 x Danzig

NATIONALMUSEUM
Was Sponsoren in 1000 Jahren zusammentrugen; der größte Schatz: „Das Jüngste Gericht“ von Hans Memling.
Fr Eintritt frei
Eintritt 15 Zł. | Ulica Toruńska 1 | mng.gda.pl | Bus: Torúnska

OLIWSKI-PARK
Ländliches Idyll in der Stadt, mittendrin eine Kathedrale.
Straßenbahn: Oliwa, Bus: Park Oliwski

EUROPÄISCHES ZENTRUM DER SOLIDARITÄT
Hinter dem Solidarność-Platz mit den drei Kreuzen werden in einem rostroten Riesenbau Polens Arbeiterkämpfe 1956 bis 1989 „live“ erzählt.
Eintritt 30 Zł. inkl. Audioguide | Plac Solidarności 1 | ecs.gda.pl | Straßenbahn: Plac Solidarności

WESTERPLATTE
Per Boot zur grünen Halbinsel, wo der Zweite Weltkrieg begann.
Wasserstraßenbahn: Westerplatte, ZTM-Bus: Westerplatte

SOPOT
Schlendern, staunen, am Strand sein: Polens schönster Küstenort mit extra langem Seesteg und viel Bäderarchitektur.
Straßenbahn: u.a. Stocznia SKM, Gdańsk Zaspa, dann S-Bahn SKM: Zoppot

Gewölbe der Marienkirche

MEHR ERLEBEN

Leuchtturm Neufahrwasser

Danzig ist eine Multikulti-Insel im katholisch geprägten Polen. 1980 wurde hier die Gewerkschaft Solidarność gegründet, was das Ende der moskautreuen Regimes in Osteuropa einläutete.

KURIOSUM

Weite Aussichten von der Mottlau-Mündung bis zur Halbinsel Hel bietet der Leuchtturm Nowy Port, der als einer der schönsten der Ostsee gilt. Außerdem kannst du hier viermal am Tag einen Zeitball sehen, der aus großer Höhe hinabsaust – früher zum exakten Ausrichten von Navigationsinstrumenten genutzt. Auf der Welt sind insgesamt nur vier im Einsatz.

LEUCHTTURM NEUFAHRWASSER
Eintritt 10 Zł. | Ulica Przemysłowa 6a | latarnia.gda.pl | Tram: Latarnia Morska, Bus: Zespół Szkół Morskich

AUS LUFTIGER HÖHE

Wer ganz hoch hinaus will, fährt mit der kleinen Shuttle-Fähre (oder geht über eine Klappbrücke nahe dem Fischmarkt) auf die Bleihofinsel und steigt ins Riesenrad Amber Sky. In 50 m Höhe genießt du eine herrliche Aussicht. Bei der 15-minütigen Fahrt drehst du in einer Gondel viermal die Runde, sodass du dir in aller Ruhe Danzig von oben anschauen kannst. Auch nach Einbruch der Dunkelheit ein tolles Spektakel!

AMBER SKY
Eintritt 37 Zł. | Ulica Ołowianka 1 | ambersky.pl | Bus: Targ Rybny

STRAND SATT

Danzig hat schöne Strände – Brzeźno und Sopot im Westen oder auf der Insel Stogi im Osten. Kilometerlange Strände hat v. a. Gdynia: Warte auf einen schönen Sonnentag und mach einen kleinen Ausflug hierher. Mit dem Zug brauchst du ungefähr 30 Minuten.

GDYNIA
Einzelfahrt ca. 14 Zł. | ZTM-Zug, Wassertram: Gdynia

Kunst und Kultur in der ehemaligen Lenin-Werft

KIRCHE MIT KUNST

Der Pfarrer der gotischen Johanneskirche hat ein Faible für moderne Kunst. Anschauen seiner Ausstellungen kostet nichts, und wem's gefällt, der spendet was.

JOHANNESKIRCHE
Eintritt frei| Ulica Świętojańska 50 | centrumswjana.pl | Bus: Żuraw

GRÜSSE AUS DER URZEIT

Auf mehreren Stockwerken kannst du in der Großen Mühle das Gold der Ostsee in über 5000 Exponaten bewundern. Das Highlight: ein 40 Mio. Jahre (!) alter Stein mit einer kleinen eingeschlossenen Eidechse.

BERNSTEINMUSEUM
Mo Eintritt frei, sonst 32 Zł. | Ulica Wielkie Młyny 16 | muzeumgdansk.pl | Mo Eintritt frei, sonst 32 Zł. | muzeumgdansk.pl |

BLECHTROMMEL LIVE!

Die Polnische Post, Symbol für deutsche Verbrechen und heroischen polnischen Abwehrkampf im Zweiten Weltkrieg, ist heute Museum und Gedenkstätte.

POLNISCHE POST
Mo Eintritt frei, sonst 15 Zł. | Plac Obrońców Poczty Polskiej 1/2 | muzeumgdansk.pl | Bus: Targ Rybny

Spannende Zeitgeschichte!

KUNST, KONZERTE, EVENTS

Auf dem Gelände der ehemaligen Lenin-Werft liegt heute die „Werft 100l". Hier werden unabhängige Künstlerbewegungen sowie innovative Gegenwartskunst präsentiert. **Insider-Tipp** Interessante Installationen, Konzerte mit Technobeats, Streetart und World Kitchen.

100CZNIA
Eintritt frei | Ks. Jerzego Popiełuszki 5 | 100cznia.pl | Straßenbahn: Stocznia SKM

ESSEN & TRINKEN

Piroggen-Herstellung bei Pierogarnia Mandu

In Städten, die am Meer liegen, wird viel Fisch gegessen, da macht auch Danzig keine Ausnahme. Wie überall in Polen trifft man auf *pierogi* mit süßen und herzhaften Füllungen, daneben steht Apfelkuchen hoch im Kurs.

ANGESAGT

Schön-schräges Ambiente bei den „3 Schwestern": Hier triffst du auf gute Musik und Cocktails, Kult sind Wassermelonenbier und Erdbeershots. Am Wochenende, wenn es schon mal voll wird, wird auch auf den Tischen getanzt. Ebenfalls tagsüber ein guter Ort, um abzuhängen oder einen Imbiss zu sich zu nehmen.

3 SIOSTRY

Sopot, Powstańców Warszawy 6 | Zug: Bahnhof Sopot

VERY LONG DRINK

Ideale Adresse, um einen Drink zu nehmen, um zu plaudern oder für einen Absacker. Hier kommt hauptsächlich Bier in die Litergläser, einen gigantischen Longdrink im 0,5-l-Format gibt's neben anderen Alkoholika auch.

RED LIGHT

Ulica Piwna 28–31 | facebook.com/redlight.gdansk | Bus: Targ Chlebowy

PIROGGEN-VIELFALT

Im sympathischen kleinen Lokal werden die *pierogi* gekocht, gebacken und gebraten, **Insider-Tipp** sind gefüllt mit Heidelbeeren oder Schokocreme, aber auch mit Pilzen und Sauerkraut, mit Huhn und Käse. Und natürlich auch in der koreanischen Mandu-Variante mit pikantem Hackfleisch oder scharfem Kimchi-Gemüse.

PIEROGARNIA MANDU CENTRUM

Ulica Elżbietańska 4/8 | pierogarnia-mandu.pl | Bus: Dworzec Główny

GUT & GEMÜTLICH

Der hausgemachte warme Apfelkuchen mit Vanilleeis und Schlagsahne ist im Pikawa das Highlight (π [Pi] = trink, *kawa* = Kaffee). So rätselhaft der Name, so vorzüglich die Kaffees und die große Auswahl an Longdrinks. Klein, eng und sehr gemütlich, mit alten Schwarz-Weiß-Fotos an den Wänden.

CAFE PIKAWA
Ulica Piwna 14/15 | pikawa.pl | Bus: Targ Chlebowy

SCHRILLES CAFÉ

Hier muss man nicht lange warten, um bedient zu werden: Es gibt Pfannkuchen, süße Crêpes, Vegetarisches, Makkaroni und Tortilla.

NALEŚNIKOWO
Ulica Ogarna 125 | nalesnikowo.com.pl | Bus, Straßenbahn: Brama Wyżynna

KLASSE FISCH

Kaum sind die Fischerboote am Strand von Sopot aufgebockt, landet der frische Fang „an der Anlegestelle" (*przystań*). In kleinen Räuchereien bekommen Lachs, Aal und Butt eine rauchige Note – ins Brötchen geklemmt, schmecken sie köstlich am Strand! Du kannst es aber auch maritim-rustikal angehen lassen und in der Bar Przystán eine üppige Fischsuppe verputzen: aus Flunder, Sprotte, Hering und dem, was das Meer sonst noch hergibt.

PRZYSTAŃ
Sopot, Aleja Wojska Polskiego 11 | barprzystan.pl | Bus: Sopot Polna oder Polna

Beliebt: Fischgerichte

SHOPPEN

Schmuck aus Bernstein, „Gold der Ostsee"

Ohne Bernstein im Gepäck fährt aus Danzig keiner nach Hause. In den schmalen Gassen der Altstadt wird Silber- und Bernsteinschmuck und anderes schönes Kunsthandwerk angeboten.

FÜR MITBRINGSEL

Hier findest du witzige Kleinskulpturen aus Keramik, Holz und Glas, dazu originelles Geschirr und Christbaumschmuck.

ART BALTICUM

Ulica Kołodziejska 7/9-E | artbalticum.pl | Bus: Targ Drzewny

GUTES FÜR DIE FÜSSE

Preiswerter als hier kaufst du Schuhe der polnischen Marke nirgends in der Stadt.

CCC

Einkaufszentrum Morena, Ulica Szuberta 102a | ccc.eu | ZTM-Bus 142: Galeria Morena

SCHNÄPPCHEN

Kleidung bekannter Marken um bis zu 70 % reduziert. Italienische Schuhe und polnische Marken aus älteren Kollektionen.

FASHION HOUSE OUTLET CENTER

Ulica Przywidzka 8 | designeroutletgdansk.pl | ZTM-Bus: Fashion House

BÜCHERPARADIES

Kleine Andenken und Süßigkeiten zum Verschenken, Zeitungen, Zeitschriften, Bücher und Magazine aus aller Welt. Filialen in Gdynia und Sopot.

EMPIK

Targ Sienny 7 | empik.com | Straßenbahn: Węzeł Groddecka

TOLLER SCHMUCK

Aus Bernstein und Silber hergestellte Ohrringe und Ohrstecker in verschiedenen Mustern sowie Ketten, Anhänger, Broschen und Armbänder. **Insider-Tipp** Beim Schleifen des Steins kannst du zuschauen!

AMBER STYL

Długi Pobrzeże 31 | amberstyl.pl | Bus: Żuraw

GUT ZU WISSEN

TOURISTENKARTE

Mit der Touristenkarte (Karta Turysty) bekommst du Ermäßigungen in etwa 200 Einrichtungen (Restaurants, Pubs, Läden, Theater). Für die kostenlose Nutzung der öffentlichen Verkehrsmittel und freien Eintritt in mehr als 20 Museen. Erhältlich am Bahnhof, Flughafen sowie in allen Touristeninfos. 24 Std. ab 60 Zł., 48 Std. ab 70 Zł., 72 Std. ab 80 Zł.

Infos unter kartaturysty.visitgdansk.com

BOOT MIETEN

Falls dir nach Wassersport ist: Tretboote und Kajaks kannst du an der Mottlau mieten.

KLUB KAJAKOWY ŻABI KRUK

Boot ab 25 Zł./ Std., 60 Zł./Tag | Żabi Kruk 15 | kajakiempogdansku.pl | Bus: Urząd Wojewódzki/ Marszałkowski

STADTFÜHRUNG

Zwischen Goldenem Tor und Stockturm klinkst du dich in die 2,5 Std. dauernde Tour ein. Die deutschsprachige Tour ist gratis, ein kleiner Obolus wird aber gern entgegengenommen.

FREE WALKING TOURS

Infos unter freewalkingtour.com/gdansk

MUSEEN

Für einige Museen in Danzig zahlst du an manchen Tagen keinen Eintritt, ein Blick auf Öffnungszeiten und Eintrittspreise lohnt sich daher.

Infos unter exploregdansk.info

TAXI

Taxis sind eine Alternative zu den öffentlichen Verkehrsmitteln, da sie relativ günstig sind. Achte darauf, dass der Fahrer das Taxameter einschaltet! Die wichtigsten Zentralen:

HALLO TAXI

hallotaxi.gda.pl

NEPTUN TAXI

neptuntaxi.pl

FAHRRAD LEIHEN

Danzig gilt als polnische Fahrradhauptstadt. Auch ein Ausflug entlang der Danziger Küste lohnt sich. Für E-Bikes, die an vielen Orten in der Stadt stehen, registrierst du dich auf rowermevo.pl.

RENT A BIKE

Rad pro Tag 50 Zł, E-Bike 100 Zł. | ul. Kołodziejska 7 | rentabikegdansk.pl |
Bus: Targ Drzewny

WAS KOSTET WIE VIEL?

Kaffee 2–3 Euro
für eine Tasse im Café

Bier 2–3 Euro
für 0,3 l vom Fass

Imbiss ab 3 Euro
für einen Teller gefüllter Piroggen in der Milchbar

Souvenir ab 8 Euro
für eine 0,5-l-Flasche Danziger Goldwasser

Kanu ab 6,50 Euro
Leihgebühr pro Stunde

Moin moin

HAMBURG

Wind und Wasser – aus diesen Elementen ist Hamburg gemacht. Kein großartigerer Blick als in der Hafencity oder von den Landungsbrücken auf Schiffe, Elbe und die entfernten Kräne des Hafens, kein schönerer Platz an einem Sonnentag als an der lang gestreckten Außenalster, wo Schwäne und Segelboote vorbeiziehen und prachtvolle Villen das Ufer säumen. Und abends geht's auf den Kiez in St. Pauli oder in die Elbphilharmonie. Langeweile kommt in Hamburg bestimmt nicht auf – du wirst jede Menge Spaß haben und mit kleinem Portemonnaie tolle Dinge erleben!

Elbphilharmonie, Hamburgs neues Wahrzeichen

DIE BESTEN SEHENSWÜRDIGKEITEN

Das solltest du nicht verpassen! Auch wenn der eine oder andere Eintritt nicht immer den Geldbeutel schont, diese Sehenswürdigkeiten gehören zu Hamburg einfach dazu!

KUNSTHALLE

Eines der wichtigsten Museen des Landes – und nicht nur dann, wenn es eine Sonderschau gibt.

Eintritt 14 Euro | Glockengießerwall 5 | hamburger-kunst-halle.de | S-/ U-Bahn Hauptbahnhof

RATHAUS

Geplant wurde über 30 Jahre lang, doch das Ergebnis kann sich sehen lassen. Die Hamburger sind stolz auf ihr prunkvolles Rathaus.

Eintritt in die Rathausdiele ist frei

Eintritt Ratsräume 5 Euro| Rathausmarkt 1 | hamburg.de/rathaus | U-Bahn: Rathaus

SPEICHERSTADT

So viel Ziegel gibt es nirgends. Völlig zu Recht mit dem Kontorhausviertel nun Weltkulturerbe.

U-Bahn, Bus: Meßberg oder Baumwall, Bus: Bei St. Annen

MICHAELISKIRCHE

Der Turm der St.-Michaelis-Kirche, kurz Michel genannt, ist und bleibt das Wahrzeichen der Stadt.

Kombiticket für Turm, Krypta und Hamburg-Story (nette Videogeschichte) 8 Euro | Englische Planke 1 | st-michaelis.de | Schnellbus: Michaeliskirche

10 x Hamburg

MINIATUR-WUNDERLAND
Die weltgrößte Modelleisenbahn ist Hamburgs meistbesuchte Sehenswürdigkeit.

Eintritt 20 Euro | Kehrwieder 2 | miniatur-wunderland.de | Bus: Auf dem Sande

LANDUNGSBRÜCKEN
Kapitäne, Touristen, Pendler: Auf dem Wasserbahnhof ist immer viel los.

S-/U-Bahn: Landungsbrücken

ELBPHILHARMONIE
Hamburgs neues Wahrzeichen hat die Stadt bei Architekturfans und Musikliebhabern weltbekannt gemacht.

Platz der Deutschen Einheit 4 | elbphilharmonie.de | Bus: Kaiserkai/ Elbphilharmonie

AUSSENALSTER
Hier ist Hamburg sooo elegant: weiße Villen, grüne Gärten und dazwischen die Segler.

U-Bahn: Hauptbahnhof Nord, Bus: Kunsthalle

STRANDPERLE
Muttis, Werber, Yuppies: Hier trifft sich ganz Hamburg zum Trinken, Chillen, Sonnen am Elbstrand.

Övelgönne 60 | Bus: Neumühlen

BLANKENESE
Mit dem Treppenviertel präsentiert sich Hamburgs berühmtester Elbvorort von der besten Seite.

S-Bahn: Blankenese

St. Pauli Landungsbrücken

MEHR ERLEBEN

Planten un Blomen mit „Tele-Michel“

Hamburg hat nach Berlin die meisten Touristen in Deutschland. Zu Recht, denn an Vielseitigkeit ist die Hansestadt kaum zu überbieten. Von cool und schrabbelig (Schanzenviertel, St. Pauli) bis edel und mondän (Altona, Blankenese) ist alles dabei.

MIT WEITBLICK

Nach der Fahrt mit der über 82 m langen Rolltreppe bist du oben vermutlich erst mal ganz still: Der Blick von der Plaza bzw. der Galerieterrasse, die einmal um den Glaskubus herumführt, schlägt alles, was Hamburg bisher zu bieten hatte.

PLAZA

Eintritt 3 Euro (Vorabbuchung online!) | Elbphilharmonie | Platz der Deutschen Einheit 4 | elbphilharmonie.de | Bus: Kaiserkai/Elbphilharmonie

HAMBURGS GRÜNE LUNGE

Park mit zahlreichen Pflanzen, Seen, einem japanischen Garten, Minigolf- und Trampolinplatz. Auf den Stühlen kann man super chillen – oder abends den gratis Wasserlichtkonzerten lauschen: farbig angestrahlte Wasserfontänen mit Musik. Die kostenlose Jam-Skate- oder Rollschuhbahn wird im Winter zu einer Eisbahn (ab 8 Euro, Holstenwall 30, eisarena-hamburg.de).

PLANTEN UN BLOMEN

Eintritt frei | Marseiller Promenade | plantenunblomen.hamburg.de | U-Bahn: Stephansplatz oder Messehallen

TUNNELBLICK

Ein echtes Abenteuer: die Fahrt mit dem ehemaligen Autofahrstuhl bis unter die Elbe, 23,50 m tief. Als der 426,5 m lange Alte Elbtunnel 1911 gebaut wurde, galt er als Weltsensation und diente zunächst den Hafenarbeitern auf ihrem Weg zur Maloche. Zu Fuß und mit dem Fahrrad hast du rund um die Uhr freien Zugang, für Autos ist der Tunnel gesperrt.

ALTER ELBTUNNEL
Eintritt frei | S-/U-Bahn: Landungsbrücken

Alter Elbtunnel

HAFENRUNDFAHRT MIT DEM RAD

14 Velorouten breiten sich sternförmig von Hamburgs Innenstadt in alle Randgebiete aus. Toll ist die **Insider-Tipp** Oberhafen-Connection: ein 2 km langer, autofreier Radweg, der immer am Wasser entlang von den Deichtorhallen zu den Elbbrücken führt. Von dort kannst du durch den Elbpark Entenwerder zum Café Entenwerder 1 (Entenwerder 1, entenwerder.com) radeln.

Infos und Radroutenplaner unter hamburg.de/radverkehr.

ENERGIEGELADEN

Vom Flakbunker zum regenerativen Kraftwerk: Der Energiebunker versorgt die Wilhelmsburger mit Strom. Ob mit oder ohne Führung (kostenlos, nur am Wochenende) hast du von der Terrasse des Café Vju in 30 m Höhe eine fantastische Aussicht auf die Skyline der Stadt.

ENERGIEBUNKER
Eintritt frei | Neuhöfer Str. 7 | hamburgenergie.de, vjuim energiebunker.de | Bus: Veringstr.

HISTORISCHE PERLE

Das liebevoll geführte Haus lässt die Arbeitswelt der Quartiersleute, der Gewürz-, Tee- und Kaffeehändler wieder aufleben.

SPEICHERSTADTMUSEUM
Eintritt 5 Euro | Am Sandtorkai 36 | speicherstadt museum.de | Bus: Am Sandtorkai

Brücke 10, die Topadresse für Fischbrötchen

Poletto, Mälzer, Henssler, Rach … Hamburg hat einige Küchenberühmtheiten zu bieten. Lass die doch im Fernsehen kochen und schau dich woanders nach gutem Essen um! In der Stadt gibt es jede Menge leckeres Food, das auch bezahlbar ist.

KULTIG

Legendärer Fischbrötchenladen an den Landungsbrücken, lecker, solide, ohne Chichi, dafür aber mit stabiler Qualität und viel Hafenflair.

BRÜCKE 10
Landungsbrücken Brücke 10 | bruecke10.com | S-/U-Bahn: Landungsbrücken

PIZZA AL TAGLIO

Hier bekommst du die perfekte Pizza – mit köstlichen Belägen wie Birne und Gorgonzola, Parmaschinken und Rucola, Ziegenkäse, Rosmarin und Honig und allem, was der Köchin sonst noch so einfällt. Die fertige Pizza wird in Stücke geschnitten, die Kunden bestimmen die Größe und zahlen nach Gewicht.

PIZZA AL TAGLIO VIA VAI
Bahrenfelder Str. 223 | Bus: Friedensallee

KAFFEE & TÖRTCHEN

Szenetreff? Dieser olle Laden? Exakt! Das Transmontana an der Schanze ist die Urmutter aller portugiesischen Galão-Natas-Treffs (sprich: Milchkaffee und Vanilletörtchen). Egal wie schrammelig die Stühle sind, wie lang die Schlange bis auf den Fußweg: Hier trinken die wahren Insider ihren Galão.

TRANSMONTANA
Schulterblatt 86 | facebook.com/PastelariaTransmontana | Bus: Schulterblatt

SCHNELL & GUT

Winzig ist diese Kantine – und ihre Preise sind es auch. Nudeln, Eintöpfe und Salate kommen zackig auf die Tische. Und weil die Bedienung so freundlich ist, fühlt sich das gemischte Publikum hier so richtig wohl. Nur mittags geöffnet!

POLOKANTINE
Bartelsstr. 26 | polokantine.com | S-Bahn: Sternschanze

Unbedingt reinschauen!

NOMEN EST OMEN

Programm in dieser Kneipe gibt's fast jeden Tag: Livemusik, Slams und Sessions auf kleinster Bühne, der Eintritt ist immer frei.

FREUNDLICH & KOMPETENT
Eintritt frei | Hamburger Str. 13 | freundlichund kompetent.de | U-Bahn: Mundsburg

GEMÜTLICH

Kuschelige Bar mit Omasesseln drinnen und schöner Terrasse draußen. Unter der Woche Live-Jazz bei freiem Eintritt.

PONY BAR
Eintritt je nach Veranstaltung, oft frei | Allende-Platz 1 | ponybar.com | Bus: Grindelhof

MUTTI & VATI? MACHOS & VAMPS?

In der total gemütlichen Gay-Bar sind alle willkommen. Die M&V-Hefte – das sind immer wieder neue Getränkekarten mit Zeichnungen, Fotografien, Gedichten – darf man mitnehmen. Ein Ort, um gepflegt abzusacken.

M&V BAR
Lange Reihe 22 | mvbar.de | S-/U-Bahn: Hauptbahnhof

Labskaus und Bier, die traditonelle Hamburger Kombi

SHOPPEN

Beliebte Mitbringsel: Schiffsmodelle

Die meisten Alternativen zum Einkaufs-Einheitsgedöns der großen Ketten im Zentrum findest du im Schanzenviertel, in St. Georg und St. Pauli.

FAIR & REGIONAL

Das Konzept dieses Nachbarschaftsmarkts: Nur regionale oder fair hergestellte Waren aus kleinen Manufakturen werden verkauft, z. B. Schnäpse aus Norddeutschland, Honig aus Hamburg, handgeschöpfte Schokoladen und junge Designermode.

MARKTZEIT
1. Sa im Monat 10–18 Uhr | Barnerstr. 36 (im Kulturzentrum Fabrik) | marktzeit.com | Bus: Fabrik

WEINSCHNÄPPCHEN

Hier findest du gute Tropfen, zwischen 10 und 70 Prozent reduziert.

RINDCHEN'S WEINKONTOR OUTLET
Große Elbstr. 135 | rindchen-outlet.de | Bus: Kreuzfahrtterminal

ZWEITE HAND

Das Geschäft ist die beste Adresse für witzige Designe klamotten aus zweiter Hand. Gute Beratung.

SECONDELLA
Hohe Bleichen 5 | S-Bahn: Stadthausbrücke

HANSEATISCH

Seit über 40 Jahren verkauft Familie Binikowski Buddelschiffe, preiswert und von guter Qualität.

BUDDEL-BINI
Barmbeker Str. 171 | buddelbini.de | U-Bahn: Hudtwalckerstraße

SCHRILL

Witzigste Auswahl an Hamburg-Mitbringseln. Und „Heiße Ware aus dem Knast": Von Gefangener der Hamburger Strafvollzugsanstalt Santa Fu produzierte Dinge, etwa den Kalender „12 Monate auf Bewährung".

ELBUFER
Ditmar-Koel-Str. 32 | elbufer.de | S-/U-Bahn: Landungsbrücken

GUT ZU WISSEN

HAMBURG CARD

Mit der Hamburg CARD (für 1–5 Tage) fährst du umsonst im ÖPNV und bekommst zudem diverse Ermäßigungen z. B. in Museen, Theatern, Restaurants, bei Stadt-, Hafen- und Alsterrundfahrten: 11,90 Euro für einen Tag bis 46,90 Euro für fünf Tage.

Infos unter hamburg-tourism.de oder hvv.de

FAHRRAD LEIHEN

Die roten Stadträder kannst du an nahezu jeder U- und S-Bahn-Station und an vielen Plätzen im Zentrum ausleihen, an einigen auch Lastenräder. Die 5 Euro Startgebühr sind gleichzeitig Fahrtguthaben, die ersten 30 Min. sind kostenlos, danach werden 10 Cent/Min. berechnet.

Infos/App unter stadtradhamburg.de

BOOT MIETEN

800 km lang ist das Kanal- und Fleetnetz der Stadt, am besten paddelst oder SUPst du auf der Außenalster und Richtung Stadtparksee. Dabei gilt: Je weiter ein Bootsverleiher von der Außenalster entfernt, desto günstiger.

BOOTSVERLEIH DORNHEIM
Ruderboote/Kajaks ab 13,50/10 Euro pro Std. | Kaemmererufer 25 | bootsvermietung-dornheim.de | U-Bahn, Bus: Saarlandstraße

HAFENRUNDFAHRT

Billig ist eine Hafenrundfahrt in Hamburg nicht. Mit durchschnittlich 20 Euro pro Person musst du rechnen, bei vielen Anbietern gibt es die Möglichkeit, ein Kombiticket für eine Hafenrundfahrt und eine weitere Attraktion zu kaufen. Günstige Alternative ist eine Fahrt mit der HADAG-Fährlinie 62, die Bestandteil des regulären ÖPNV-Netzes ist. Du kannst sie mit dem normalen HVV-Ticket nutzen und sie ist auf einer ähnlichen Route unterwegs wie die klassischen Hafenrundfahrten.

Infos unter hadag.de

VERANSTALTUNGEN

Website eines Vereins mit täglichen Veranstaltungstipps, die keinen oder wenig Eintritt kosten.

KULTURLOTSE
kulturlotse.de

MUSICALTICKETS

Wenn du Glück hast, kannst du bei der Zentrale der Stage Entertainment in der Speicherstadt noch Resttickets ab 49 Euro ergattern. Vorverkaufs- und Systemgebühr kommen noch dazu, aber bei den teilweise dreistelligen Preisen von König der Löwen, Mamma Mia! & Co. ist das ein wirklich gutes Angebot. Oder: Du versuchst es an der Abendkasse – da fallen die Gebühren weg.

Tickets ab 49 Euro | Kehrwieder 6 | stage-entertainment.de | Bus: Auf dem Sande, U-Bahn: Baumwall (Elbphilharmonie)

WAS KOSTET WIE VIEL?

Cappuccino 3,50 Euro
für eine Tasse im Café

Musical 35–100 Euro
untere bis mittlere Preisklasse

Wein ab 5,50 Euro
für ein Glas im Lokal

Pizza ab 10 Euro
im Restaurant

Schiffstour ca. 20 Euro
Hafenrundfahrt

Sláinte mhaith

DUBLIN

Dublin ist ein Phänomen: Die Stadt ist einer der besten Orte für ausgelassene Feiern und hemmungslose Junggesellenabschiede. Und zugleich waren hier einige der größten Dichter und Denker zu Hause, die zum Teil ein beschauliches Leben gelebt haben. Heute ist Dublin laut, hektisch und gezeichnet von langen Staus und zäh fließendem Verkehr. Warum nur mag trotzdem jeder diese Stadt? Wohl weil sie so authentisch ist. Authentischer, als es andere Hauptstädte je sein könnten. Und mit den nachfolgenden Tipps sparst du hier bares Geld!

Samuel Beckett Bridge

DIE BESTEN SEHENSWÜRDIGKEITEN

Das solltest du nicht verpassen! Auch wenn der eine oder andere Eintritt nicht immer den Geldbeutel schont, diese Sehenswürdigkeiten gehören zu Dublin einfach dazu!

MERRION SQUARE

Die schönste Architektur Dublins: Um diesen Park reihen sich lauter Gebäude aus Dublins goldenem 18. Jh.

Bus: Merrion Square

CHESTER BEATTY LIBRARY

Papyrus-Schriften, Schriften aus Jade, buddhistische Buchschätze: In diesem Museum sind Bücher noch wahre Kunstwerke.

Eintritt ist frei!

Dublin Castle, Eingang Dame St oder Ship St | cbl.ie | Bus: Dame St

NATIONAL MUSEUM – ARCHAEOLOGY

In diesem baulich einzigartigen Museum erzählen Gold und andere Schätze Geschichten aus Irlands Vergangenheit.

Eintritt ist frei!

Kildare St | museum.ie | Bus: Merrion Square oder St Stephen's Green

TRINITY COLLEGE

An dieser Universität mit ihren alten Höfen macht nicht nur das Studieren Spaß – Besucher genießen die Ruhe inmitten der Innenstadt.

Eintritt Book of Kells und Old Library 18,50 Euro | College St | tcd.ie/visitors | Bus: Nassau St, College St

GUINNESS STOREHOUSE

Die Brauereigeschichte ist keineswegs trocken: Am Ende der Tour gibt's Guinness und einen Blick über Dublin.

Eintritt ab 26 Euro | St James' Gate | guinness-storehouse.com | Bus: Steeven's Lane

10 x Dublin

KILMAINHAM GAOL

Eine beklemmende Erfahrung: In diesem früheren Gefängnis erlebst du den Alltag der Insassen von einst und das Schicksal irischer Patrioten.

Eintritt 8 Euro (Vorabbuchung empfohlen!) | Inchicore Rd | kilmainhamgaolmuseum.ie | Bus: Inchicore Rd

THE BRAZEN HEAD

Im ältesten Pub von ganz Dublin, wenn nicht Europas, geht es gemütlich und in Sachen Musik irisch-traditionell zu.

20 Lower Bridge St | brazenhead.com | Bus: Merchant's Quay, Luas, Bus: Four Court

CLARENCE HOTEL

Wer U2 mag, wird auch ihr Hotel mögen. Bono und The Edge haben am Ufer der Liffey eine Luxusherberge eröffnet.

6–8 Wellington Quay | theclarence.ie | Bus: Temple Bar

ST PATRICK'S CATHEDRAL

Die größere der beiden Dubliner Kathedralen – im Kirchenschiff ist der Dekan und Erfinder von Gulliver, Jonathan Swift, begraben.

Eintritt 9 Euro | St Patrick's Close | stpatrickscathedral.ie | Bus: Patrick Street

MULLIGAN'S

Eine echte Dubliner Institution: Seit Generationen besuchen Prominente und Politiker wie James Joyce und John F. Kennedy diesen klassischen Pub.

8 Poolbeg St | mulligans.ie | Bus: Poolbeg St, DART, Bus: Tara St

Long Room in der Bibliothek des Trinity College

MEHR ERLEBEN

Dublin Castle mit Record Tower

Klar, bei Dublin denkt man zuerst an urige Pubs und Nachtleben bis in die Puppen. Wer trotzdem einigermaßen aus den Federn kommt, darf sich auf tolle Kunst, großartige Architektur und viel Natur freuen.

STADTSCHLOSS

Die Explosion des Pulverlagers im Dublin Castle 1684, bis dahin u. a. auch als Gefängnis genutzt, überlebte nur der Record Tower aus dem 13. Jh. Danach entstand an dieser Stelle ein georgianischer Palast, bis 1922 Sitz der britischen Verwaltung von Irland. Heute nutzt die irische Regierung die Burg für Repräsentationszwecke oder für die Amtseinführung der Präsidenten. Tolle Gratis-App mit einer virtuellen Tour und viel Hintergrundwissen!

DUBLIN CASTLE
Eintritt 8 Euro | Dame St |dublincastle.ie | Bus: Dame St

ES GRÜNT SO GRÜN

In den originalen viktorianischen Gewächshäusern des am kleinen Fluss Tolka gelegenen botanischen Gartens wachsen Palmen und Orchideen. Inzwischen hat man auch die Verbindungstür in der Mauer zum Friedhof von Glasnevin wieder geöffnet, sodass du bequem beides besichtigen kannst.

NATIONAL BOTANIC GARDENS
Eintritt frei | Botanic Road | botanicgardens.ie | Bus: Botanic Gardens

WEITER BLICK ÜBER DIE STADT

Toller Blick vom Howth Head über die Dubliner Bucht und weite Teile der Stadt. Der kurze Aufstieg ist mit passenden Schuhen nicht beschwerlich. Er beginnt hinterm ehemaligen Deer Park Hotel.

HOWTH HEATH
DART: Howth, Bus: Howth Castle

Literatur-geschichte!

BÜCHER-APOTHEKE

In diesem 1853 als Apotheke eröffneten Laden kaufte Leopold Bloom aus James Joyce' Roman „Ulysses" am 16. Juni 1904 ein berühmtes Stück Seife. Aus Fiktion wurde Realität: Am 16. Juni triffst du im Sweny's auf Fans des Dubliner Schriftstellers, die dort Zitronenseife kaufen. Sweny's ist heute ein Buchladen, an den regelmäßigen Lesungen kann jeder teilnehmen.

SWENY'S PHARMACY
Eintritt frei | 1 Lincoln Place | sweny.ie | Bus: Davenport Hotel, Merrion St

National Botanic Gardens

GANZ GROSSE KUNST

Hochkarätige Kunstsammlung mit europäischen Meisterwerken. Mittelpunkt ist Michelangelo Caravaggios „Festnahme Christi", das 200 Jahre lang verschollen war. Außerdem hängen hier Werke von Tizian, Velazquez, de Goya, Picasso, Rubens, Nolde und anderen großen Malern.

NATIONAL GALLERY OF IRELAND
Eintritt frei | Merrion Square West/Clare St | nationalgallery.ie | Bus: Merrion Square

ZUM GLÜCK KATHOLISCH

Bingo wird wohl nirgendwo mit mehr Hingabe gespielt als in Irland. Das Ritual des Spielleiters, der für die Zahlen Kosenamen hat, z. B. „zwei kleine Enten" für die 22, muss man einfach miterlebt haben. Eingeführt wurde das Glücksspiel übrigens von der katholischen Kirche, die den Profit in die Erhaltung der Kirchengebäude steckt. Gespielt wird in Pubs, Bars, Gemeindehallen ... Halte einfach die Augen offen!

Temple Bar

ESSEN & TRINKEN

Man mag der Globalisierung reserviert gegenüberstehen, in Dublin hat sie jedenfalls dafür gesorgt, dass man sich anständig verköstigen kann. Hier eine kleine Auswahl.

FISCH MIT POMMES

Viele weltbekannte Kunden hatte dieser kleine Fish-'n'-Chips-Laden schon, wie eine Tafel neben dem Eingang auflistet: Bruce Springsteen, Venus & Serena Williams, Mick Jagger, Naomi Campbell, Russell Crowe ... Viel wichtiger: Die Portionen sind außerordentlich großzügig!

LEO BURDOCK

2 Werburgh St | leoburdock.com | Bus: Lord Edward St

VERY IRISH!

Hier bekommst du traditionelle Küche der Grünen Insel serviert: Nichts wie hin, wenn du an *colcannon, coddle* und *boxty pancakes* Gefallen findest.

GALLAGHER'S BOXTY HOUSE

20 Temple Bar | boxtyhouse.ie | Bus: Temple Bar

Sehr lecker!

GUT & PREISWERT

Insider-Tipp Der Koch stammt aus Marokko, und das merkt man der Speisekarte an – hier gibt's z. B. Berber-Eier, Merguez-Würstchen, Kardamomkuchen. Aber auch Sandwiches und täglich wechselnde warme Gerichte. Für Dubliner Verhältnisse erschwingliche Preise!

BLAS CAFÉ

26 King's Inn St | blascafe.ie | Bus: Parnell Square West

ÜBERHAUPT NICHT ZWIELICHTIG

Nachtmarkt in einer unscheinbaren ehemaligen Lagerhalle mit viel Fingerfood und leckeren Weinen. Allerdings nur im Sommer!

TWIGHLIGHT MARKET
Sommer Do 17–21 Uhr | Glasnevin Industrial Estate | 136a Slaney Close | facebook.com/h2gTwilight | Bus: Finglas Road/Esso-Tankstelle

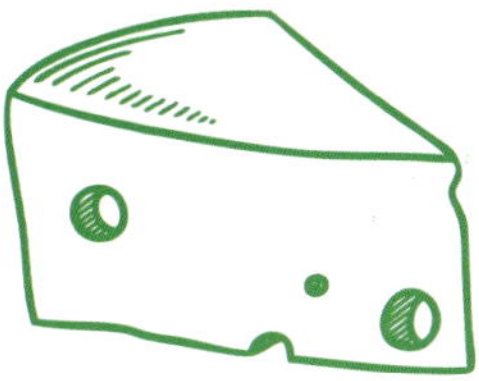

NICE TO KNOW

Abends beschert das „Pre-Theatre Menu" – auch „Early Bird Menu" genannt – Freude am Essen in guten Restaurants: Gäste, die schon ab 17 Uhr erscheinen, bestellen zum ermäßigten Preis, müssen aber bis 19 oder 20 Uhr den Tisch geräumt haben.

PUB LIFE

In Dublin gibt's noch Pubs, in denen man gute irische Livemusik for free genießt. Dieser große Pub ist vielleicht nicht der gemütlichste der Stadt, aber die abendlichen traditionellen Sessions gehören zum Besten, was die Stadt in dieser Richtung zu bieten hat.

HUGHES' BAR
20 Chancery St | Luas: Four Courts

CASUAL ITALIAN DINING

Wein- und Lebensmittelgeschäft mit eigenem Restaurant und guter Qualität zu vernünftigen Preisen. Zu Antipasti, Panini und täglich wechselnden kleinen Gerichten genießt du am besten ein Glas Prosecco.

DUNNE AND CRESCENZI
16 South Frederick St | dunneandcrescenzi.com | Bus: Nassau Street

FERNÖSTLICH

Dublins Chinatown besteht eigentlich nur aus einer einzigen Straße – der Parnell Street. Aber: Hier reihen sich asiatische Läden und Restaurants aneinander. So authentisch isst du selten chinesisch!

Parnell St, Parnell Square, Capel St | Luas, Bus: Parnell

Irish Stew

SHOPPEN

Antiquitätenladen in der Phibsboro Road

Mainstream-Läden findest du in den Fußgängerzonen Grafton Street und Henry Street. Lohnenswerter sind Abstecher in die Seitenstraßen und -gassen mit ihren trendigen Geschäften und Cafés. Auch Dublins Märkte sind einen Besuch wert.

SCHNÄPPCHENJAGD

Der Stadtteil The Liberties trägt seinen Namen seit der Zeit, als er zollfreier Bezirk war. In den kleinen Läden und Antiquitätengeschäften in der Thomas Street und Meath Street findest du oft das eine oder andere Schnäppchen.

THE LIBERTIES

Bus: Thomas St

YOUNG SHOPPING

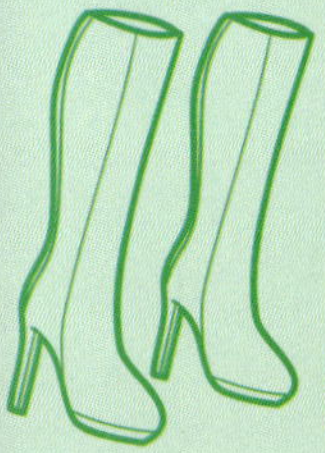

Du willst neue Klamotten zu normalen Preisen? Dann ist dieses Einkaufszentrum die richtige Adresse. Britische und irische Einzelhandelskonzerne sind in diesem Einkaufszentrum vertreten, jeder hat eigentlich immer irgendein Angebot parat.

JERVIS SHOPPING CENTRE

Mary Street | jervis.ie | Luas: Jervis

NEU & SECONDHAND

Bücherwürmer fühlen sich hier pudelwohl. Gebundene Klassiker gibt es für weniger als 5 Euro, Koch- und Reisebücher, Fotobände, Drucke und vieles mehr.

SECRET BOOK & RECORD STORE

15a Wicklow St | thesecretbookstore.ie | Bus: South Great George's St

KUNST FÜR ALLE

Originale, witzige Kunstwerke müssen nicht teuer sein. Hier findest du etwas in jeder Preisklasse: ungewöhnliches Design und Kunstwerke von Dubliner Künstlern, wie gefilzte Muscheln, Ketten aus Ton und Glas.

JAM ART FACTORY

14 Crown Alley | jamartprints.com | Bus: Dame Street

GUT ZU WISSEN

DUBLIN PASS

Der Dublin Pass bietet freien Eintritt zu mehr als 30 Sehenswürdigkeiten, kostenlosen Flughafentransfer mit dem Aircoach sowie diverse Sonderangebote. Einige Attraktionen wie die Nationalmuseen sind aber ohnehin kostenlos – der Kauf lohnt nur beim Besuch vieler Sehenswürdigkeiten und wenn man bereits vom Flughafen den Pass für die Fahrt in die Innenstadt nutzt. Kosten: zwischen 79 Euro für einen und 144 Euro für fünf Tage.

Infos unter gocity.com/dublin

PREISE

Die Preise schwanken in der Innenstadt zum Teil beträchtlich, sodass du Impulskäufen widerstehen und erst einmal vergleichen solltest. Souvenirs findest du im Zentrum an jeder Ecke und in den Museumsshops. Außerdem: Gängigen irischen Whiskey bekommst du zu Hause oft günstiger.

Richtig Geld gespart!

MUSEEN

Der Eintritt in die staatlichen Museen in Dublin ist frei.

BESONDERE STADTFÜHRUNG

Dublins Musikszene hat außer U2 auch jede Menge anderer berühmter Rockmusiker hervorgebracht. Der Rock 'n' Stroll Trail führt auf deren Spuren. Die Broschüre mit Podcast gibt's kostenlos im Internet: herunterladen, ausdrucken und los geht's.

Infos und Download unter visitdublin.com

DUBLIN-WALLS-APP

Mit der kostenlosen App des Dublin City Council kannst du Dublin wie im Mittelalter erleben. Mit einer 3-D-Ansicht geht es entlang der früheren Stadtmauer und du erfährst viel Wissenswertes.

Infos und Download unter dublincity.ie

FAHRRAD LEIHEN

Inzwischen gehören Fahrräder auch in Dublin zu den öffentlichen Verkehrsmitteln, denn die Stadt stellt Leihfahrräder zur Verfügung – an mehr als 100 Stationen in der Innenstadt. Allerdings musst du dich dafür anmelden, z. B. eine 3-Tage-Mitgliedschaft für 5 Euro, die du an mehr als 30 Stationen mit der Kreditkarte kaufen kannst. Der Mitgliedsausweis trägt eine PIN-Nummer, die du zum Ausleihen der Räder benötigst. Die ersten 30 Min. sind kostenlos. Danach kostet eine Stunde 50 Cent, zwei Stunden 1,50, drei Stunden 3,50, vier Stunden 6,50 und jede weitere halbe Stunde 2 Euro.

DUBLIN BIKES
Infos unter dublinbikes.ie

WAS KOSTET WIE VIEL?

Guinness 4,50–6 Euro
für ein Pint

Kaffee 2,50 Euro
für eine Tasse

Fish & Chips 9 Euro
für eine Portion

Theater ab 30 Euro
für eine Eintrittskarte

Muss man erlebt haben!

BERLIN

Hier kommt Berlin! Achtung, Keule: Wer Ruhe braucht, ist hier definitiv falsch. Doch für alle, die gern aus rund 150 Konzerthäusern und Bühnen, 180 Museen und Sammlungen wählen möchten, die im Park spontan zu Beats tanzen, vietnamesischen Kaffee auf Englisch bestellen oder mit dem Trabi am Reichstag vorfahren wollen, ist bestens gesorgt. Denn so international und vielfältig wie in seiner Hauptstadt ist Deutschland sonst nirgendwo. Und das Gute: Von hier aus kannst du dank der Low-Budget-Tipps mit vollem Portemonnaie wieder nach Hause fahren.

Picknick auf dem Tempelhofer Feld

DIE BESTEN SEHENSWÜRDIGKEITEN

Das solltest du nicht verpassen! Auch wenn der eine oder andere Eintritt nicht immer den Geldbeutel schont, diese Sehenswürdigkeiten gehören zu Berlin einfach dazu!

FERNSEHTURM

Berlin auf einen Blick gibt es von der Aussichtsplattform in 203 m Höhe über dem Alexanderplatz.

Panoramastr. 1a | tv-turm.de | U-/S-Bahn: Alexanderplatz, Bus: Spandauer Straße

MUSEUMSINSEL

Der Beweis, dass fünf weltberühmte Museen samt beeindruckenden Sammlungen auf eine Spreeinsel passen.

Eintritt 1. So im Monat kostenlos

Einzelticket ab 12 Euro | smb.museum | S-Bahn: Hackescher Markt

BRANDENBURGER TOR

Früher Grenze, verbindet das Wahrzeichen mit der Quadriga on top heute den Osten mit dem Westen der Stadt.

Pariser Platz | U-/S-Bahn: Brandenburger Tor

REICHSTAGSGEBÄUDE

Ein Koloss der Neorenaissance mit moderner, begehbarer Glaskuppel. Der Bundestag versteht zu residieren!

Kuppelbesichtigung kostenlos (Onlineanmeldung!)

Platz der Republik 1 | bundestag.de | Bus: Reichstag

10 x Berlin

SCHLOSS CHARLOTTENBURG
Stilvolle royale Sommerresidenz samt Schlosspark als perfekte Großstadtoase.
Eintritt ab 12 Euro | Spandauer Damm 10–22 | spsg.de | Bus: Luisenplatz

JÜDISCHES MUSEUM
2000 Jahre jüdischer Kultur werden im spektakulären Museumsbau des Stararchitekten Daniel Libeskind präsentiert.
1. So im Monat sowie Dauerausstellung kostenlos
Eintritt Wechselausstellung 8 Euro | Lindenstr. 9–14 | jmberlin.de | U-Bahn: Hallesches Tor

RESTAURANT TIM RAUE
Viele Gänge Asiatisches von einem, der als Kreuzberger Rüpel begann und heute mit Sternen kocht.
Rudi-Dutschke-Str. 26 | tim-raue.com | U-Bahn: Kochstraße

BIKINI BERLIN
Durchdesigntes Shopping-Vergnügen von der 1950er-Architektur bis zum letzten Pop-up-Store.
Budapester Str. 38–50 | bikiniberlin.de | U-/S-Bahn: Zoologischer Garten

BERGHAIN/PANORAMABAR
Sagenumwobener Technoclub in einem alten Kraftwerk. Schon das Schlangestehen ist ein Event.
Eintritt ab 15 Euro | Am Wriezener Bahnhof | berghain.de | S-Bahn: Ostbahnhof

TEMPELHOFER FELD
Das stillgelegte Flugfeld ist heute Spielwiese für Jogger, Radler, Drachen-Surfer und Picknickfans.
U-/S-Bahn: Tempelhof

Museumsinsel mit Bodemuseum

MEHR ERLEBEN

Siegessäule am Großen Stern

„Arm, aber sexy", wie ein Berliner Bürgermeister mal verkündet hat, ist die Stadt nicht mehr. Zumindest nicht mehr arm. Vielmehr hat sich heute eine interessante Mischung aus echtem Hauptstadt-Flair und urbaner Subkultur entwickelt, die Menschen in Scharen anzieht.

NEUES HIGHLIGHT

Vom Thron aus dem Königreich Bamum bis zum Wandbild „Weltdenken" der Urban-Art-Künstler How and Nosm: Im rekonstruierten Schloss ist Platz für jegliche Kultur. Neben Internationalem (Ethnologisches Museum, Museum für Asiatische Kunst) bringt die Ausstellung „Berlin Global" Berliner Geschichte nah.

HUMBOLDTFORUM

Eintritt frei, Berlin Global 7 Euro | Schlossplatz | humboldtforum.org | U-Bahn: Museumsinsel

IM HIMMEL ÜBER BERLIN

Früher stand das 67 m hohe Nationaldenkmal vor dem Reichstag. Um mehr Platz für die „Reichshauptstadt Germania" zu gewinnen, ließ Hitler die auch als „Gold-Else" betitelte goldene Viktoria kurzerhand auf den Großen Stern im Tiergarten versetzen. Von der Aussichtsplattform hast du den günstigsten schönen Blick Richtung Osten und Westen.

SIEGESSÄULE

Eintritt 4 Euro | Großer Stern | Bus: Großer Stern

QUER ÜBERN WANNSEE

Mit der BVG-Fähre schippert es sich gemächlich vom S-Bahnhof über den Wannsee ins dörfliche Kladow und zurück. Die 20-minütige Fahrt ist im BVG-Tagesticket enthalten. Frische Brise und Naturerlebnis gibt's kostenlos obendrauf.

Dampferanlegestelle am S-Bahnhof Wannsee | bvg.de | S-Bahn: Wannsee

KULTUR STATT BIER

Früher Schultheiss-Brauerei, heute Kulturzentrum mit Kino, Clubs, Streetfood-Markt (streetfoodaufachse.de). **Insider-Tipp** Wie es sich im Zelt auf dem Trabi-Dach schlief, mit Rotkäppchen-Sekt feierte und mit der Stasi als Nachbar lebte, vermittelt die kostenlose Ausstellung „Alltag in der DDR".

KULTURBRAUEREI
Eintritt je nach Veranstaltung | Knaackstr. 75–97 | kulturbrauerei.de | U-Bahn: Eberswalder Straße

DAS GIBT'S NUR IN BERLIN

Zwischen Ostbahnhof und Oberbaumbrücke erstreckt sich parallel zur Spree die größte Open-Air-Galerie der Welt. 118 Künstler haben sich hier auf einem 1316 m langen Reststück der Berliner Mauer (legal) verewigt, darunter Dimitri Vrubel mit dem berühmten „Bruderkuss".

EASTSIDE GALLERY
Mühlenstr. | eastsidegalleryberlin.de | U-/S-Bahn: Ostbahnhof

KulturBrauerei, Prenzlauer Berg

OST-WEST-GESCHICHTE

Auf dem Freiluftgelände mit Originalstücken der Mauer informieren Hörstationen über Flüchtlingsschicksale und den einstigen Grenzverlauf. Das Dokumentationszentrum zeigt den Maueralltag an der Bernauer Straße, die den Bezirk Mitte im Osten vom Wedding im Westen trennte.

GEDENKSTÄTTE BERLINER MAUER
Eintritt frei | Bernauer Str. 111 | stiftung-berliner mauer.de | S-Bahn: Nordbahnhof

Streetart

ESSEN & TRINKEN

Street Food Thursday in der Markthalle Neun, Kreuzberg

Die traditionelle Berliner Küche wurde dem Zeitgeist geopfert, hatte aber ohnehin nie viel zu bieten. Als Berlinbesucher oder -besucherin kannst du dich heute einmal rund um die Welt futtern. Aber halt, da war doch was: genau – die Currywurst!

ES GEHT UM DIE WURST

Um das mal klarzustellen: Die Currywurst wurde in Berlin erfunden und auf besonders legendäre muss man auch mal 5 Minuten warten. Doch das lohnt sowohl in Kreuzberg bei Curry 36 als auch bei Konnopke in Prenzlauer Berg.

CURRY 36

Mehringdamm 36 | curry36.de | U-Bahn: Mehringdamm

KONNOPKE

Schönhauser Allee 44 b | konnopke-imbiss.de | U-Bahn: Eberswalder Straße

KULTIMBISS

Riesige Suppenportionen, kleine Preise, angeschrammeltes Ambiente, das man so auch in Taipeh antreffen könnte.

LON-MEN'S NOODLE HOUSE

Kantstr. 33 | S-Bahn: Savignyplatz

BISSCHEN BANGKOK

Die Sonne scheint? Der Magen knurrt? Dann nichts wie raus zum Preußenpark, am Wochenende auch als „Thaiwiese" bekannt. Hier bauen Thailänderinnen ihre Garküchen auf dem Rasen auf, um wie in ihrer Heimat zu braten und zu brutzeln. Da wird der Parkbesuch zum Happening.

THAIWIESE

Preußenpark, Brandenburgische Str. | thaipark.de | U-Bahn: Konstanzer Straße

UNTER DER S-BAHN

Uriges Berliner Lokal mit Retro-Charme unter den S-Bahn-Bögen für den großen Hunger. **Insider-Tipp** Von einer einzigen Portion Kaiserschmarrn sollen schon Großfamilien satt geworden sein. Fassbierauswahl der Berliner Brauerei Lemke.

TIERGARTENQUELLE
Bachstr. 6 | tiergartenquelle.de | S-Bahn: Tiergarten

SEHR BERLINERISCH

Westberliner Unikat am Schillertheater, der neuen Heimat der Bühnen am Kurfürstendamm. Die Wände sind gepflastert mit Schauspieler-Autogrammen, dazu Schummerlicht und günstiges Bier.

SCHILLERKLAUSE
Schillerstr. 10 | facebook.com/people/Schiller-Klause | U-Bahn: Ernst-Reuter-Platz

VEGANES LEBEN

Vielseitige, vegane, glutamatfreie, asiatisch-spanische Tapas zum Selbst-Zusammenstellen und Teilen.

1990 VEGAN LIVING
Krossener Str. 19 | restaurant-1990.de | Tram: Simplonstraße

SINCE 1978

Seit Jahren eine sichere Bank für alle, die auch zu später, ach was, zu jeder Stunde Käsebrötchen und Omelett mögen. **Insider-Tipp** Frühstück wird hier nämlich rund um die Uhr serviert. Das Ambiente ist leicht angefeiert, also berlinerisch gemütlich.

SCHWARZES CAFÉ
Kantstr. 148 | schwarzescafe-berlin.de | S-Bahn: Savignyplatz

AUF DIE HAND

Auf dem Markt am Maybachufer gibt es neben frischem Obst und Gemüse türkische Spezialitäten wie Gözleme oder Baklava. Auch Freunde von Biokäse und diversen Antipasti werden bestens versorgt – „Kreuzberger Mischung" nennen das die Berliner.

MARKT AM MAYBACHUFER
Maybachufer | U-Bahn: Schönleinstraße

Currywurst mit Pommes

SHOPPEN

Flohmarkt im Mauerpark

Berlin bietet riesenhafte Einkaufszentren, das KaDeWe und gefühlt Tausende individuelle Lädchen, in denen du vielleicht eher fündig wirst. Schau mal zum Hackeschen Markt oder in die Bergmannstraße nach Kreuzberg.

ONLINE ANALOG

Statt erst bestellen: gleich anprobieren und dabei bis zu 70 % sparen, das geht beim Zalando Outlet.

ZALANDO OUTLET

Tauentzienstr. 18 | zalando-outlet.de/berlin | U-Bahn: Wittenbergstraße

MASSIG KEKSE

Krümelmonster kommen im Bahlsen-Fabrikverkauf mit Keksen in 5-Kilo-Eimern auf ihre Kosten. Portionsgrößen für den kleinen Hunger gibt's auch.

BAHLSEN OUTLET

Ordensmeisterstr. 11 | bahlsen-outlet.de| U-Bahn: Ullsteinstraße

BÜCHER & BAGELS

Buchladen mit englischen und französischen Werken – sowie Bagels im angeschlossenen Café. Wer sparen möchte, stöbert durch die Ecke mit Antiquarischem.

SHAKESPEARE AND SONS

Warschauer Str. 74 | shakesbooks.de | U-Bahn: Frankfurter Tor

MINIKAUFHAUS

Vom Babybody über Topflappen bis zum Verlobungsring: Hier ist alles mit Liebe individuell gemacht. Perfekt für Souvenirjäger und Mitbringseljünger.

REGALROCKER

Stargarder Str. 17 | regalrocker.de | S-/U-Bahn: Schönhauser Allee

SCHLENDERN & FEILSCHEN

Handeln ist hier oberstes Gebot. Im oberen Teil (Richtung Siegessäule) stehen die Trödler, im unteren (Richtung Ernst-Reuter-Platz) die Kunsthandwerker.

TRÖDELMARKT AM 17. JUNI

Straße des 17. Juni | berlinertroedelmarkt. com | S-Bahn: Tiergarten

GUT ZU WISSEN

MUSEEN
Der Eintritt in diverse Berliner Museen ist an jedem 1. Sonntag im Monat frei.

Liste der teilnehmenden Museen unter berlin.de/museum/eintritt-frei/museumssonntag

TAXI
Insider-Tipp Wenn's nur ums Eck gehen soll, empfiehlt es sich, einen Wagen heranzuwinken. Für 6 Euro geht es 2 km weit. Dieser „Winketarif" gilt aber nur, wenn das Taxi nicht bestellt und auch nicht an einem Stand aufgegabelt wurde.

APP ZUR BERLINER MAUER
Heute braucht man das Handy in der Hand, um die Mauer in der Stadt zu finden. Die kostenlose App der Bundeszentrale für politische Bildung hat ihren Verlauf, historische Fotos und Filmaufnahmen parat. Mit Tourenvorschlägen und Zusatzinfos.

Infos und Download unter chronik-der-mauer.de

WELCOME-CARD
Die Welcome-Card kombiniert unbegrenzten Fahrspaß mit Sparoptionen für Museen, Theater und Restaurants und ist gestaffelt von 48 Stunden (AB: 25 Euro/ABC: 30 Euro) bis 6 Tage (53 bzw. 56 Euro). Tickets online sowie an Automaten in den Stationen und in den Trams.

Infos unter berlin-welcomecard.de oder bvg.de

FAHRRAD LEIHEN
Wer mehr sehen möchte, als die U-Bahn erlaubt, ist mit einem der unzähligen Leihfahrräder gut beraten, die im Zentrum frei herumstehen. Die üblichen und größten Anbieter sind Nextbike (nextbike.de, 1 Euro für 30 Min.) und Call a Bike der Deutschen Bahn (callabike.de, 1 Euro für 15 Min, max. 9 Euro pro Tag). Anmelden, aufschließen und bezahlen geht nach der Registrierung per App ganz einfach.

TICKETS & VORVERKAUF
Ticketschnäppchen für Theater oder Konzerte gibt's bei Heckticket. Theater, Opernhäuser & Co. verkaufen Restkarten zudem vergünstigt an der Abendkasse. Wer unbedingt ein bestimmtes Stück sehen möchte, sollte aber lieber rechtzeitig planen.

HECKTICKET
Alexanderstr. 1 und Hardenbergstr. 29d

STADTRUNDFAHRT
Einen großen Überblick für kleines Geld bietet die Doppeldeckerbuslinie 100. Sie fährt vom Alexanderplatz zum Zoologischen Garten und passiert auf dem Weg die wichtigsten Sehenswürdigkeiten.

Ticket 3,20 Euro | bvg.de

WAS KOSTET WIE VIEL?
Kaffee 3 Euro
für eine Tasse im Café

Smoothie 5,50 Euro
für einen Superfood-Smoothie

Falafel 5 Euro
als Snack im Imbiss

Museum 6–14 Euro
Eintritt staatl. Museen

Club ab 15 Euro
Eintritt z. B. ins Berghain

Musst du gesehen haben!

AMSTERDAM

Eine Stadt, die sich über ganze 90 Inseln erstreckt, die geprägt ist von unzähligen Grachten, berühmten Museen und einer kompakten Innenstadt unter Denkmalschutz. Seit Jahrhunderten gehen hier der Unternehmergeist der Kaufleute und das tolerante „Anything goes" eine Verbindung ein, die ein ganz eigenes Flair ergibt. So präsentiert sich Amsterdam mit seiner ungewöhnlich internationalen und ungewöhnlich jugendlichen Bevölkerung aufregend und doch entspannt, aktiv und geruhsam, weltstädtisch und dörflich zugleich.

Magere Brug über die Amstel

DIE BESTEN SEHENSWÜRDIGKEITEN

Das solltest du nicht verpassen! Auch wenn der eine oder andere Eintritt nicht immer den Geldbeutel schont, diese Sehenswürdigkeiten gehören zu Amsterdam einfach dazu!

BEGIJNHOF

Einen Gang runterschalten: Amsterdams ältestes *hofje* ist eine Oase im Shopping-Getümmel.

Eingänge Spui, Kalverstraat | Metro, Tram: Rokin, Spui

VAN GOGH MUSEUM

Die weltweit größte Sammlung mit Gemälden des berühmten Ohrabschneiders und Sonnenblumenmalers.

Eintritt 20 Euro | Museumplein 6 | vangoghmuseum.nl | Tram: Van Baerlestraat, Museumplein

GRACHTENRING

Nirgends in Amsterdam spaziert es sich so schön wie entlang der Pracht von Heren-, Keizers- und Prinsengracht.

Diverse Tramlinien: Dam, Westermarkt

JORDAAN

Das Kontrastprogramm zum prächtigen Grachtenring: Hutzelige Häuser, historische Kneipen und vor allem versteckte *hofjes* machen den Charme des ehemaligen Arbeiterviertels Jordaan aus.

Tram: Rozengracht, Marnixstraat

TUSCHINSKI

In Amsterdams expressionistischem Lichtspielhaus lässt sich manchmal sogar Ex-Königin Beatrix blicken.

Reguliersbreestraat 26 | pathe.nl |Tram: Rembrandtplein

10 x Amsterdam

NIEUWMARKT
Kulturenclash im Rotlichtviertel: Rund um die alte Stadtwaage gibt es *nasi goreng, biertjes* und Gouda.
Metro: Nieuwmarkt

KONINGSDAG
Am Tag des Königs spielt ganz Amsterdam verrückt – erst beim stadtweiten Flohmarkt, anschließend bei Bier und *oranjebitter*.

RIJKSMUSEUM
Von Rembrandts „Nachtwache" bis zu Vermeers „Küchenmagd" ist das ganze Goldene Zeitalter vertreten.
Mutimedia-Tour durchs Museum mit der kostenlosen Rijksmuseum-App
Eintritt 22,50 Euro | Stadhouderskade 42 | rijksmuseum.nl | Metro: Vijzelgracht, Tram: Rijksmuseum

WESTERTOREN
Unten ruht Rembrandt in der Kirche, oben schaut man über die Dächer des Grachtenrings.
Prinsengracht 281/Westermarkt | Tram: Westermarkt

CONCERTGEBOUW
Lass mal hören: altehrwürdiges Konzerthaus mit legendär guter Akustik.
Mittwochs gratis Lunchkonzerte
Concertgebouwplein 10 | concertgebouw.nl | Tram: Museumplein

Prinsengracht

MEHR ERLEBEN

Vondelpark im Stadtteil Oud-Zuid

Moderne Architektur, Museen von Weltrang, Coffeeshops und vor allem: Grachten, Grachten, Grachten. Amsterdam ist ein Mikrokosmos, der entdeckt werden will. Und nicht alles kostet gleich viel Geld ... manches ist sogar umsonst.

KINO UNTER STERNEN

Auf einer kleinen Halbinsel am Westerdoksdijk findet jedes Jahr im August ein mehrwöchiges Kinofestival im Freien namens Pluk de Nacht statt. Nur wer zum Liegestuhl auch eine Wolldecke haben möchte, muss dafür bezahlen.

PLUK DE NACHT
Eintritt frei | 10 Tage im August | Stenen Hoofd, IJ-Ufer | plukdenacht.nl | Bus: Barentszplein

VON ALLEM ETWAS

Legendäres Kulturzentrum in einer früheren Molkerei. Wechselndes Programm mit Konzerten, Clubabenden, Filmen und Ausstellungen.

MELKWEG
Eintritt 4–15 Euro | Lijnbaansgracht 234 | melkweg.nl | Tram: Leidseplein

PARKKULTUR MIT POMMES

Im Sommer trifft sich im Vondelpark ganz Amsterdam: zum Besuch eines der kostenlosen Konzerte oder einer der Theatervorstellungen auf der Freiluftbühne, zum Picknick oder einfach zum Fußballspielen. In diesen Park geht man eben nicht wegen der Ruhe, sondern wegen der Geselligkeit. Einfach eine Portion Pommes im Groot Melkhuis (Vondelpark 2, grootmelkhuis.nl) kaufen und hinein in die grüne Oase.

VONDELPARK
hetvondelpark.net | Tram: J. P. Heijestraat, Tram: Museumplein

So viel Kunst

KUNST KOSTENLOS

Zeitgenössische Kunst zu erleben muss nicht gleich Eintritt kosten. In Amsterdam kann man auch einfach einen Galerienspaziergang unternehmen. Die meisten bekannten Galerien findest du unmittelbar beieinander im Jordaan-Viertel.

FONS WELTERS

Eintritt frei | Bloemstraat 140 | fonswelters.nl | Tram: Bloemgracht | weitere Galerien: Annet Gelink, Torch

ARCHITEKTUR AM WASSER

Mach doch mal eine Fahrradtour, z. B zu den Hafeninseln im Norden der Stadt, KNSM-Eiland und Java-Eiland. Hier erlebst du moderne Architektur und alte Hausboote und erklimmst während der Fahrt Amsterdams ausgefallenste Brücken. Starte am Lloyd Hotel und lass dich dann einfach treiben.

Start: Oostelijke Handelskade 34

DIAMONDS ARE …

Früher war Amsterdam eine internationale Hochburg der Diamantschleiferei. Nach dem Zweiten Weltkrieg verlor dieser Wirtschaftszweig zwar an Bedeutung, aber noch heute gibt es einige Schleifereien. Bei Gassan Diamonds kannst du bei einer kostenlosen Führung den Weg vom Rohdiamanten zum Schmuckstück verfolgen – aber natürlich gibt es auch hier anschließend eine Verkaufsshow.

GASSAN DIAMONDS

Eintritt frei | Nieuwe Uilenburgerstraat 173–175 | gassan.com | Metro: Waterlooplein

Moderne Bauten im Szeneviertel NDSM-Werft

ESSEN & TRINKEN

Riesenangebot in den Foodhallen

Dank der Kolonialgeschichte der Niederlande ist viel Fernöstliches auf Amsterdamer Speisekarten zu finden. Und wie überall im Land liebt man Pfannkuchen und Pommes.

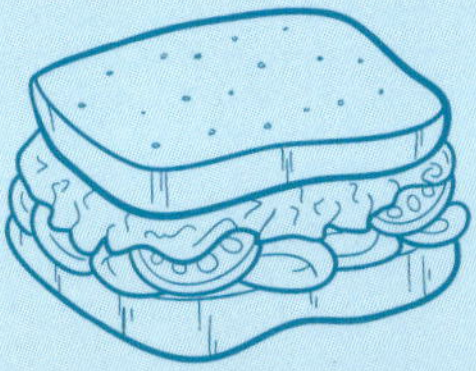

REGIONAL & BIO

Filiale der kleinen Bakkerswinkel-Kette im früheren Regulatorhaus der Westergasfabriek. Serviert werden leckere Sandwiches, Muffins und Kuchen, gebacken mit Biozutaten aus der Region.

DE BAKKERSWINKEL
Polonceaukade 1–2 | debakkerswinkel.nl | Tram: Van Hallstraat

SURINAM-KÜCHE

Preisgünstiger surinamischer Imbiss am Albert Cuypmarkt. Vor allem die *saoto*-Suppe (Hühnersuppe mit Zitronengras und Ei) und die Backbananen sind ein Hit.

@WARUNG MARLON
Eerste Van der Helststraat 55 | warung-marlon.business.site | Metro: De Pijp

LEKKER BIERTJE

Einer der wenigen Biergärten in Amsterdam, direkt neben einer historischen Windmühle gelegen. In der Mühle sitzt die lokale Brauerei 't IJ, deren Biere alle 100 Prozent ökologisch und ungefiltert sind. Jeden Fr, Sa, So kann man an kostenlosen niederländisch- und englischsprachigen Führungen durch die kleine Brauerei teilnehmen. Unbedingt vorher an der Bar anmelden!

BROUWERIJ 'T IJ
Führung kostenlos | Funenkade 7 | brouwerijhetij.nl | Tram: Hoogte

POMMES, POMMES, POMMES

Der Straßenstand verkauft die besten Pommes von ganz Amsterdam, weshalb davor prinzipiell eine lange Schlange von Wartenden steht. Dazu gibt es 20 Sorten (!) Mayonnaise.

VLAAMS FRIETHUIS VLEMINCKX
Voetboogstraat 31 | vleminckxdesausmeester.nl | Tram: Koningsplein

PFANNKUCHEN SATT

Pfannkuchen bis zum Abwinken serviert das Pannenkoekenboot, kombiniert mit Belag vom Büfett und einer 75-minütigen Rundfahrt über das IJ, vom alten Holzhafen über den Hauptbahnhof bis zu den Östlichen Hafeninseln.

PANNENKOEKENBOOT
Eintritt 22,50 Euro (Onlinepreis)| Abfahrt: Ms. van Riemsdijkweg (t/o 41) | amsterdam.pannenkoekenboot.nl | Gratisfähre ab Centraal zur NDSM-Werft

EINMAL UM DIE WELT

Die ganze Welt in einer Halle: Das ist das Konzept der Foodhallen. 20 kleine Imbissstände scharen sich rund um die zentrale Bar in einer alten Tramremise. Frühlingsrollen, Burger, Köfte: Jeder sucht sich aus, worauf er Lust hat.

FOODHALLEN
Bellamyplein 51 | foodhallen.nl | Tram: Kinkerstraat

FALAFEL-TRÄUME

Bei Maoz gibt es arabische Kichererbsenbällchen in Pitabrot, dazu Selbstbedienung nach Herzenslust am Salatbüffet.

MAOZ
Damrak 40| Bus, Tram: Dam | weitere Filialen: Leidsestraat 85, Albert Cuypstraat 67

AUF NACH INDONESIEN

Von außen scheinbar ein Café, aber auf der Karte stehen bezahlbare indonesische Spezialitäten. Leckere Makrele.

CAFÉ KADIJK
Kadijksplein | cafekadijk.nl | Bus: Kadijksplein

Café 't Smalle an der Egelantiersgracht

SHOPPEN

Hübsche Läden in De 9 Straatjes

Waar zijn de meeste winkels in Amsterdam? Kalverstraat, Leidsestraat, Nieuwendijk en in De 9 Straatjes. Für alle, die Niederländisch nicht gleich verstehen: In der Kalverstraat, Leidsestraat, am Nieuwendijk und in den Neun Straßen findest du die meisten Geschäfte.

Schöner shoppen

SCHNÄPPCHENVERDÄCHTIG

Weniger bekannt, ähnlich vielfältig, aber günstiger als der bekannte Albert Cuypmarkt ist der Dappermarkt im angesagten Stadtteil Oost.

DAPPERMARKT

Mo–Sa 10–16.30 Uhr | Dapperstraat | Tram: Pontanusstraat, Dapperstraat

FRÖHLICHES DESIGN

Eine Art niederländischer IKEA: Hier gibt es Klobürsten, Sofakissen oder Babystrampler, alles in minimalistisch-fröhlichem Design.

HEMA

z. B. in der Kalvertoren-Passage | Kalverstraat/Heiligeweg | winkels.hema.nl | Metro, Tram: Rokin

EXOTISCHES

In den *tokos*, kleinen exotischen Läden mit thailändischen, surinamischen und indischen Lebensmitteln, bekommst du gute und günstige exotische Gewürze. Und auch in Supermärkten sind sie wesentlich billiger als anderswo in Europa.

ALTES & NEUES

Vintage-Mode und -Accessoires aus den 1970er- und 1980er-Jahren, gemischt mit neuer Ware vom eigenen Label der Schwestern Jutka und Riska Volkerts.

JUTKA & RISKA

Bilderdijkstraat 194 | jutkaenriska.com | Tram: Kinkerstraat, Bilderdijkstraat

SOUVENIRS …

Statt Holzschuhen und Tulpenzwiebeln findest du hier allerlei originelle Mode- und auch Wohnaccessoires von niederländischen Designern, von günstig bis exklusiv.

SPIEGEL

Nieuwe Spiegelstraat 2 a | spiegelamsterdam.nl | Tram: Muntplein

GUT ZU WISSEN

I AMSTERDAM CITY CARD

Der Kultur- und Freizeitpass I Amsterdam City Card ist für 24, 48, 72, 96 oder 120 Stunden erhältlich. Mit der Chipkarte nimmt man je nach Anbieter nicht nur verbilligt oder gar kostenlos an einer Grachtenfahrt teil und benutzt die öffentlichen Verkehrsmittel, sondern hat auch freien Zugang zu einigen Museen, u. a. Amsterdam und Stedelijk Museum. Außerdem sind Preisnachlässe für einige Attraktionen und Restaurants enthalten. Allerdings lohnt sich die Anschaffung nur, wenn man wirklich viele Angebote nutzt, denn der Pass kostet 60 Euro (24 Std.), 85 Euro (48 Std.), 100 Euro (72 Std.), 115 Euro (96 Std.) oder 125 Euro (120 Std.).

Infos unter iamsterdam.com oder in den I Amsterdam Visitor Centres

VERANSTALTUNGEN

Kulturelle Veranstaltungen findet man in der Agenda von iamsterdam.com. Tickets kauft man am besten direkt über die Websites der Veranstalter. **Insider-Tipp** 50 % günstigere Last-minute-Tickets für denselben Tag gibt es bei lastminuteticketshop.nl. Alle zwei Monate erscheint das englischsprachige *A-Mag* mit Veranstaltungstipps aller Art. In den I Amsterdam Visitor Centres und manchen Zeitschriftenläden kann man es für ca. 4 Euro kaufen, aber in vielen Hotels und Restaurants liegt es gratis aus.

GRACHTENRUNDFAHRT

Nicht die größte Auswahl, aber dafür schöne, alte Boote und günstige Preise bietet Reederij Kooij. Auch Abendfahrten mit oder ohne Essen gehören zum Angebot.

REEDERIJ KOOIJ
Ticket 13 Euro | Oude Turfmarkt 125| rederijkooij.nl | Tram, Metro: Roikin

FÄHREN

Nach Amsterdam-Noord verkehren neben der Metro auch kostenlose Fähren, die allesamt auf der Nordseite des Hauptbahnhofs ablegen. Nur die Fähre zum Buiksloterweg fährt die ganze Nacht hindurch. Die anderen Fähren verkehren bis ca. 24 Uhr.

GVB-PONTEN
Infos unter gvb.nl

FAHRRAD LEIHEN

Eine Radtour durch die Stadt der *fietsen* ist natürlich ein einmaliges Erlebnis. Netten Service und guten Kaffee bekommst du z. B. bei:

STAR BIKES RENTAL
Fahrrad ab 7 Euro/Tag | keine Reservierungen | Eerste Van der Helststraat 55 | starbikesrental.com| Metro: De Pijp

WAS KOSTET WIE VIEL?

Kaffee 3 Euro
ein koffie verkeerd *im Café*

Bier 3 Euro
ein Bier vom Fass

Kino 11 Euro
ein Ticket

Tulpen 5 Euro
für 10 Stück

Pommes 2,50 Euro
eine mittlere Portion mit Mayo

Nummer eins in Europa!

LONDON

Wer erstmals nach London kommt, hat eigene Bilder im Kopf: rote Doppeldeckerbusse, Big Ben, die dicke Kuppel von St Paul's Cathedral und die Zuckerbäcker-Tower-Bridge. Zweit- und Drittreisende wissen, dass es Weiteres gibt, um die London-Mixtur abzustimmen: politisches Machtgehabe im Parlament, die königliche „Firma" im Buckingham Palace, die verrückten Modetrends, musikalische Subkultur und hypermoderne Architektur. Eins steht fest: Hier kannst du bei jedem Besuch Neues entdecken – und mit cleveren Tipps so günstig wie möglich.

London Eye und Houses of Parliament

DIE BESTEN SEHENSWÜRDIGKEITEN

Das solltest du nicht verpassen! Auch wenn der eine oder andere Eintritt nicht immer den Geldbeutel schont, diese Sehenswürdigkeiten gehören zu London einfach dazu!

BUCKINGHAM PALACE

Der Balkon ist weltberühmt. Von hier winken die britischen Monarchen dem Volk bei Geburtstagen und Hochzeiten zu.

Verpasse nicht die Wachablösung!

Eintritt £ 30 (Onlinepreis) | rct.uk | U-Bahn: Victoria, Green Park

HOUSES OF PARLIAMENT & BIG BEN

Lang ist's her: Die Mutter aller Parlamente tagte 1275 erstmals und seit 160 Jahren schlägt die Big-Ben-Glocke.

Eintritt £ 20 nach Anmeldung | parliament.uk | U-Bahn: Westminster

LONDON EYE

So sicher wie in Abrahams Schoß wirst du getragen von den gläsernen Kapseln des höchsten Riesenrads Europas.

Eintritt ab £ 30 (Onlinepreis) | Riverside Building, County Hall | londoneye.com | U-Bahn: Westminster oder Waterloo

BRITISH MUSEUM

Das Juwel unter den Londoner Museen. Hier brauchst du Jahre, um alle Schätze der Weltkulturen zu entdecken.

Eintritt frei

Great Russell St | britishmuseum.org | U-Bahn: Tottenham Court Rd

10 x London

ST PAUL'S CATHEDRAL

Nicht nur eine Kirche – ein Wiederauferstehungssymbol Londons nach der Brandkatastrophe von 1666 und dem Zweiten Weltkrieg!

Eintritt ab £ 20.50 (Onlinepreis) | St Paul's Churchyard | stpauls.co.uk | U-Bahn: St Paul's

HARRODS

Berühmt-berüchtigt: Kaufhaus und Touristenattraktion zugleich. Hier kannst du schlemmen, shoppen und dabei viel Geld loswerden.

87–135 Brompton Rd | harrods.com | U-Bahn: Knightsbridge

KEW GARDENS

Sehnsuchtsort für Botaniker: viktorianische Gewächshäuser, Ziergärten und ein Baumwipfelpfad, hier zeigt sich der englische grüne Daumen.

Eintritt ab £ 17 (Onlinepreis), ab 16 Uhr und im Winter günstiger | Kew Rd | kew.org | U-Bahn: Kew Gardens, Zone 3, Boot zw. Westminster und Kew

TOWER OF LONDON

Durch die mächtigen Mauern des Tower wabern 900 Jahre Geschichte und lehren dich zuweilen das Gruseln.

Eintritt £ 33.60 | hrp.org.uk | U-Bahn: Tower Hill

TATE MODERN

Wo einst Kraftwerkspumpen lärmten, entstand direkt an der Themse der Millenniums-Musentempel für moderne Kunst.

Eintritt Dauerausstellung frei

Eintritt für Sonderausstellungen s. Webseite | 53 Bankside | tate.org.uk | U-Bahn: Southwark, Blackfriars, St Paul's oder Tate Boat

WESTMINSTER ABBEY

Die Krönungs- und Grabkirche der Insel. Alles, was Rang und Namen hatte, wird geehrt, ein Who's who vergangener Jahrhunderte.

Werktags gibt es kostenlose Abendgottesdienste.

Eintritt £ 20 (Onlinepreis) | 20 Dean's Yard | westminster-abbey.org | U-Bahn: Westminster

Great Court des British Museum

MEHR ERLEBEN

Sky Garden im Walkie-Talkie Building

Die größte Stadt Europas hat mehr zu bieten, als sich ein einzelner Mensch vorstellen kann. Probier's doch mal mit folgenden Tipps zu Kunst, Kultur und Sehenswürdigkeiten. Manche Topmuseen sind auch umsonst!

GARTEN MIT TIEFBLICK

Zwischen Fenchurch St und Eastcheap sticht das nach oben auskragende, von Rafael Viñoly entworfene Hochhaus in der 20 Fenchurch St (160 m) ins Auge, das gleich seinen Spitznamen weg hatte: „Walkie-Talkie". Mit einem kostenlosen Ticket (nur vorgebucht!) geht's dort flugs hinauf in den tropisch bepflanzten Skygarden (skygarden.london) und dann ran an die Scheibe und nur noch staunen: Wow, was für ein Blick!

SKYGARDEN
Eintritt frei, Anmeldung nötig | 20 Fenchurch St | skygarden.london | U-Bahn: Monument

DESIGN, DESIGN, DESIGN

Jede Menge Design alltäglicher Objekte veranschaulicht, was sich kreative Köpfe für den Hausgebrauch ausgedacht haben, von der Teekanne bis zur IKEA-Tragetasche.

DESIGN MUSEUM
Eintritt frei, Sonderausstellungen ab £ 11 | 224–238 Kensington High St | designmuseum.org | U-Bahn: High St Kensington

Queen Elizabeth Hall, Southbank Centre

IN DER SCHWEBE

Seit Olympia 2012 ist es möglich, die Themse auch mit einem fantastischen Blick aus der Luft zu überqueren. Im Osten von London verbindet die Seilbahn Nord-Greenwich mit den Royal Docks. Wer bei dieser Gelegenheit auch den nahen Queen Elizabeth Olympic Park besichtigen möchte, fährt von der Seilbahnstation bis Pudding Mill Lane.

CABLE CAR

Fahrkarten £ 6 pro Strecke (mit Oyster Card weniger) | IFS Greenwich Peninsula Terminal, Edmund Halley Way | tfl.gov.uk/modes/london-cable-car | U-Bahn: North Greenwich, DLR: Royal Victoria

KULTUR FÜR LAU

Im Southbank-Kulturzentrum immer nach den „Free Events" Ausschau halten: Konzerte, Performances, literarische Events und Ausstellungen laufen z. B. oft im Foyer der Royal Festival Hall, in der Queen Elizabeth Hall und im Purcell Room. Freitagabends und sonntags gibt es Livemusik verschiedener Richtungen.

SOUTHBANK CENTRE

Eintritt frei | Belvedere Rd | www.southbankcentre.co.uk | U-Bahn: Westminster oder Waterloo

WISSENSCHAFT HAUTNAH

Hier wird die rasante technische Entwicklung anschaulich, du kannst entdecken und experimentieren, das erste Heimvideospiel „Pong" zocken oder lernen, wie die Medizin unser Leben in den letzten 400 Jahren verändert hat. **Insider-Tipp** In den familienfreundlichen Picknickzonen ist das Mitbringen eigener Verpflegung erlaubt – Cafés gibt es natürlich auch.

SCIENCE MUSEUM

Eintritt frei | Exhibition Rd | sciencemuseum.org.uk | U-Bahn: South Kensington

MONUMENT MAL!

Wenn du den Eintrittspreis für das London Eye nicht zahlen magst: Von der höchsten frei stehenden Säule der Welt hast du einen Topblick auf die ganze Stadt.

THE MONUMENT

Eintritt £ 6 | 18 Fish St Hill | themonument.org.uk | U-Bahn: Monument

ESSEN & TRINKEN

Indisch, die Lieblingsküche der Briten

Wo soll man anfangen? In einem Pub natürlich! Jede andere Art Gastro ist in Swinging London einem steten Wechsel unterlegen, mit einer Ausnahme: Indisch geht immer, nicht umsonst ist Chicken Tikka Masala heute das Lieblingsgericht der Briten.

MEHR PUB GEHT NICHT

Pub zum Wohlfühlen und einer der schönsten viktorianischen „Gin-Paläste" der Stadt: Glasgravuren, Mahagoniholzschnitzereien und blütenähnliche Lampen mit Art-nouveau-Nymphen.

THE SALISBURY
90 St Martin's Lane | U-Bahn: Leicester Square

24-STUNDEN-BÄCKEREI

Diese Bäckerei, die rund um die Uhr geöffnet hat, ist eine Institution. Günstige Bagels ab ca. £ 3 mit Lachs, Frischkäse oder Salzbeef.

BRICK LANE BEIGEL BAKE
159 Brick Lane | bricklanebeigel.co.uk | Overground: Shoreditch High St

AFTERNOON TEA ALTERNATIV

In diesem hippen, gemütlich-kompakten Ladencafé bekommst du Cupcakes mit biologischen Zutaten, die zu teuer sind, um durchweg billige Angebote machen zu können, aber die Minis mit Flavours wie Quitte oder Kokos kosten nur rund £ 2, Tee ab £ 2.

VIOLET CAKES
47 Wilton Way | www.violetcakes.com | U-Bahn: Hackney Central

GEFEIERTER INDER

Bombay-Feeling, surrende Deckenventilatoren, gedimmte Beleuchtung – und indische Köstlichkeiten: Tandoori-Grill, Biryanis, britindisches Frühstück plus Glutenfreies; herrliche Veranda im Kolonialstil.

DISHOOM
5 Stable St | dish oom.com/kings-cross | U-Bahn: King's Cross St Pancras

FRÜHSTÜCKSTIPP

Leckere wie gesunde libanesische Mezze, Tagine-Gerichte und ungewöhnliche Getränke wie Granatapfel- und Orangenblüten-Limo mit frischer Minze fast zu Basarpreisen – nicht total billig, aber überaus günstig für die gebotene Topqualität. Für knapp £ 7 frühstückst du hier Sandwich und Kaffee.

COMPTOIR LIBANAIS
65 Wigmore St | www.lecomptoir.co.uk | U-Bahn: Bond St

STRASSENMARKT

Viel London-Atmosphäre verströmt dieser Samstagsmarkt mit seinen Streetfood-Ständen und frischen Bioprodukten zwischen London Fields Park und Regent's Canal. Cafés, urige Pubs und originelle Designläden sind auch an anderen Tagen geöffnet.

BROADWAY MARKET
Sa 9–17 Uhr | broadwaymarket.co.uk | Overground: London Fields

VERY TASTY!

Gute klassische Fish-&-Chips-Küche zu fairen Preisen. Die kleine Fishcoteque an der Waterloo Station gilt als eines der ältesten Fischrestaurants der Stadt und bietet auch Burger und Pies. Wer nicht vor Ort isst, sondern das Gericht mitnimmt, spart ein paar Pfund!

FISHCOTEQUE
79A Waterloo Rd | thefishcotheque.com | U-Bahn: Waterloo

FRISCHE STÜCKCHEN

Pizza „al taglio", also stückweise, kannst du hier essen. Auch günstige *meal deals* ab ca. £ 8 für ein Stück Pizza, Beilage und Getränk.

MYPIXXA
8 St John St| mypixxa.com | U-Bahn: Barbican oder Farringdon

Londons beliebtester Beigel-Laden

SHOPPEN

Antiquariat Any Amount of Books

Kaum sonstwo in Europa werden so viele Trends geboren wie in London. Auf die bekannten Marken triffst du in „WC1“, in Camden im Norden und in Shoreditch im Osten blüht das Vintage-Shopping.

SCHÖNES FÜR WENIG GELD

Auf diesem Londoner Flohmarkt-Klassiker kann jeder etwas Schönes zum absoluten Low-Budget-Preis finden.

BATTERSEA CAR BOOT SALE

Eintritt nach Uhrzeit gestaffelt ab £ 0.50 | So ab 13.30 Uhr | Harris Academy, 401 Battersea Park Rd | Zug, Bus: Battersea Park

TOLLE MITBRINGSEL

Insider-Tipp Museumsläden bieten oft hübsche und originelle Kleinigkeiten, die nicht die Welt kosten – so z. B. im Gift Shop des London Transport Museum in Covent Garden.

LONDON TRANSPORT MUSEUM

39 Wellington St | ltmuseum.co.uk | U-Bahn: Covent Garden

FÜR BÜCHERWÜRMER

Weitläufiges, altmodisches Secondhand-Bücher-Paradies.

ANY AMOUNT OF BOOKS

56 Charing Cross Rd | anyamountofbooks.com | U-Bahn: Leicester Square

URBAN FASHION

Ausgefallene Handtaschen, Hüte, Schmuck. Urbania sucht weltweit nach handgefertigten Accessoires. Bei bezahlbaren Preisen wird man hier fündig.

URBANIA

156 Brick Lane | urbiana.co.uk | Overground: Shoreditch High St

FÜR SCHNÄPPCHENJÄGER

Outlet-Center mit ca. 60 Geschäften. Hier bekommst du bis zu 70 % Rabatt auf Marken wie Adidas, Nike oder Levi's.

OUTLET SHOPPING AT THE O_2

Peninsula Square | iconattheo2.co.uk | Bus, U-Bahn: North Greenwich

GUT ZU WISSEN

TICKETS
Am Leicester Square bekommt man bei tkts für den gleichen, nächsten oder übernächsten Tag um bis zu 50 % reduzierte Theatertickets (plus Bearbeitungsgebühr). Alternativ: direkt an der Theaterkasse versuchen. Vormittagsvorstellungen sind oft günstiger.

TKTS
Leicester Square | officiallondontheatre.com/tkts | U-Bahn: Leicester Square

OYSTER CARD
Günstig bist du in Bus und Bahn mit der Oyster Card unterwegs, einer bargeldlosen wiederaufladbaren Fahrkarte (£ 5 Pfandgebühr). Eine einfache Fahrt kostet £ 1.80 und man bezahlt nur so lange, bis der Preis einer Tageskarte (£ 8.10 in Zone 1–2) erreicht ist – danach geht's kostenlos weiter.

Infos unter tfl.gov.uk

MUSEEN
Die staatlichen Museen Londons, darunter British Museum, die Tates, Victoria & Albert Museum oder Westminster Cathedral, sind kostenlos zu besichtigen. Eintritt zahlst du oft nur für Sonderausstellungen.

LONDON PASS
Wenn du mehrere Tage in der Stadt bist und viele teure Sehenswürdigkeiten besichtigen willst, lohnt sich u. U. der London Pass, eine Chipkarte, mit der man bei über 80 Attraktionen (u. a. Tower of London, Westminster Abbey, The Shard, London Zoo) vergünstigten Eintritt zahlt und das Schlangestehen vermeidet. Gültig für einen Tag (£ 79), zwei Tage (£ 114) oder länger, auch mit Oyster-Card-Funktion.

Infos unter londonpass.de

FLUGHAFENTRANSFER
Für den Weg von und zu allen Londoner Flughäfen (Heathrow, Stansted, Luton, Gatwick, City) hast du die Wahl zwischen Bus, Zug oder U-Bahn. Mach dir am besten bereits vor der Anreise Gedanken darüber, **Insider-Tipp** denn wenn du die Fahrten vorab buchst, bekommst du sie oft preiswerter. Infos findest du auf den Webseiten der Flughäfen.

FAHRRAD LEIHEN
Mit dem Stadtradsystem sind Fahrten bis 30 Min. gratis. An die 800 Santander-Radstationen – erkennbar an den roten „CYCLE HIRE"-Schildern – gibt es in London. Alternativ mietet man per App einen E-Scooter oder ein E-Bike (Mindestalter 18 Jahre und Führerschein erforderlich). Zum Ausleihen musst du dich registrieren, außerdem sind jeweils eine Visa- oder MasterCard nötig.

Infos unter tfl.gov.uk/modes/cycling/santander-cycles

WAS KOSTET WIE VIEL?
Kaffee 3,50 Euro
in der Kaffeebar

Bier 5,60 Euro
für 0,5 l im Pub

Fish & Chips 13,50 Euro
am Imbiss-Stehtisch

Kino 14 Euro
für eine Karte je nach Kino

Mehr, als du erwartest

BRÜSSEL

Schokolade, Waffeln, Manneken Pis und Europa – mit diesen Stichworten im Kopf fahren wohl die meisten nach Brüssel – und enttäuscht wird damit niemand. Wohl aber überrascht, vielleicht verzaubert vom Zusammenleben der Wallonen, Flamen, Marokkaner und Europäer. Genieß also das kosmopolitische Flair und gib dich brüsselerisch: etwas phlegmatisch, mit leicht ironischer Distanz, aber im Grunde genommen offen, menschlich und neugierig. „Bienvenue! Welkom!" – zu einem Citytrip, bei dem du etwas erleben kannst, ohne arm zu werden.

Grand' Place

DIE BESTEN SEHENSWÜRDIGKEITEN

Das solltest du nicht verpassen! Auch wenn der eine oder andere Eintritt nicht immer den Geldbeutel schont, diese Sehenswürdigkeiten gehören zu Brüssel einfach dazu!

GRAND' PLACE

Zeugen vom Reichtum Brüssels: das prunkvolle Rathaus und die üppigen Zunfthäuser.

Kostenlose Konzerte im Sommer und Dezember

Metro: Bourse

MUSÉE MAGRITTE

Meisterwerke aus allen Schaffensperioden und Dokumente aus dem Leben des berühmten Surrealisten.

Eintritt 10 Euro, Kombiticket mit Musées Royaux und Musée Fin-de-Siècle 15 Euro | 1, Place Royal | musee-magritte-museum.be | Tram: Royale

MUSÉE OLDMASTERS MUSEUM

Kunstschätze aus dem 15. bis 18. Jh.: Das Museum der alten Meister lockt mit herrlichen Gemälden von Memling, Bruegel, Rubens und Ensor.

Eintritt 10 Euro inkl. Musée-Fin-de-Siècle, Kombiticket mit Magritte-Museum und Musée Fin-de-Siècle 15 Euro | 3, Rue de la Régence | fine-artsmuseum.be | Tram: Royale

PLACE DU SABLON

Hier sonnt sich die *beau monde* vor den Auslagen der feinsten Antiquitätengeschäfte – am liebsten mit Pralinen oder Gebäck aus den umliegenden Cafés.

Tram: Petit Sablon

10 x Brüssel

CATHÉDRALE SAINT-MICHEL
Die prachtvoll restaurierte Kathedrale spiegelt europäische Geschichte wider.
Eintritt frei
Pl. de Sainte-Gudule | cathedralisbruxellensis.be | Metro: Gare Centrale

MUSÉE HORTA
Mit dem eigenen Wohnhaus erreichte Victor Horta, der Schöpfer des Jugendstils, den Zenit seines Könnens.
Eintritt 12 Euro | 25, Rue Américaine | hortamuseum.be | Tram: Janson

DELIRIUM CAFÉ
Mehr als 2000 Biersorten stehen zur Auswahl, um rauschende Partys zu feiern. Ein rosa Elefant ist auch dabei ...
4, Impasse de la Fidélité | deliriumvillage.com | Metro: De Brouckère

ATOMIUM
Das futuristische, glänzende Kugelgebilde ist das Wahrzeichen von Brüssel.
Eintritt 16,95 Euro | Square de l'Atomium | atomium.be | Metro: Heysel

RUE ANTOINE DANSAERT
Brüssels schicke Modemeile ist nicht mit den üblichen Luxuslabels gepflastert, hier legt man Wert auf lokales Design.
Metro: Sainte Catherine

MAISON ANTOINE
Die berühmteste Frittenbude der Stadt ist für viele auch die beste: Die krossen Kartoffelstäbchen kommen mit hausgemachtem Dip ins Schälchen.
1, Place Jourdan | maisonantoine.be | Metro: Schuman

Musée Oldmasters Museum

MEHR ERLEBEN

Botanischer Garten

Hauptstadt Europas und Hauptstadt einer Monarchie? Brüssel steckt voller Widersprüche, und genau das macht seinen Reiz aus. Probier's mal mit diesen Besichtigungstipps.

KANALRUNDFAHRT

Seit einiger Zeit entdeckt Brüssel wieder seine Liebe zum Wasser. Das ehemalige Docksgelände erfährt eine Aufwertung und am Kanal – einer ist noch geblieben – entstehen die aufregendsten Neubauprojekte der Stadt. Das vom Wasser aus bei einer Kanalrundfahrt zu entdecken macht Jung und Alt gleichermaßen Spaß.

WATERBUS
Ticket 3,50 Euro | Quai Béco | Place Sainctelette | waterbus.eu | Metro: Yser

MACH MAL PAUSE

Eine Oase der Ruhe zwischen verschiedenen großen Verkehrsachsen. Brüssels schönstes Fleckchen, wenn sich die untergehende Sonne im Glas des Gewächshauses spiegelt.

JARDIN BOTANIQUE
Eintritt frei | Rue Royale/Ecke Blvd. Du Jardin Botanique | gardens.brussels | Metro: Botanique

GUTE AUSSICHTEN

Insbesondere bei Sonnenuntergang ist der Panoramablick vom Palais de Justice auf die Altstadt spektakulär. An Wochentagen ist die Kuppelhalle gratis zugänglich, immer kostenlos genießt du den Ausblick vom gläsernen Aufzug ins Marolles-Viertel.

PALAIS DE JUSTICE
Eintritt frei | 1, Place Poelaert | Metro: Louise

EUROPA HAUTNAH

Besuch mal eine Debatte der Abgeordneten des Europaparlaments! Du bekommst kostenlos einen Multimediaguide oder kannst von der Besuchertribüne aus die Plenarsitzungen verfolgen. Im Parlamentarium im Gebäude gegenüber dokumentieren zahlreiche Fotos, Filme und Tonaufnahmen die europäische Integration seit 1945.

PARLEMENT EUROPÉEN

Eintritt frei, Voranmeldung nötig | Bâtiment Paul-Henri Spaak | 60, Rue Wiertz| europarl.europa.eu | Bus: Luxembourg

Politik live!

Europäisches Parlament

PRUNKVOLL

Sobald der König Ende Juli in den Sommerurlaub gefahren ist, kannst du Mäuschen spielen – ohne wie sonst in Schlössern Eintritt zu bezahlen. Schau auch in den Spiegelsaal des Palais du Roi: Zum imperialen Glanz trägt eine moderne Installation aus schillernden Käferpanzern bei.

PALAIS DU ROI

Eintritt frei, Reservierung obligatorisch | Place des Palais | Metro: Trône

DESIGN-AVANTGARDE

Das kunstvolle Gebäude kannst du nicht verfehlen und es wird auf jeden Fall gleich deutlich: Hier drin ist etwas Besonderes, hier legen kreative Menschen Wert auf Design – im Zentrum der Brüsseler Designerszene. Entsprechend avantgardistisch sind die laufend wechselnden Ausstellungen über Mode, Architektur und ganz und gar ungewöhnliches Design alltäglicher Gegenstände.

MAD – HOME OF CREATORS

Eintritt frei | 10 Place du Nouveau Marché aux Grains | mad.brussels | Metro: Sainte Catherine

ESSEN & TRINKEN

Brasserie Verschueren

Bier, Pommes, Waffeln, Schokolade … das sind die belgischen Klassiker. Aber Brüssel hat weit mehr zu bieten. Hier treffen zahlreiche kulturelle Einflüsse aufeinander, die sich auch in einer fantastischen und vielseitigen Gastronomieszene widerspiegeln.

KÖNIGLICH SPEISEN

Dieses Restaurant-Café ist frei zugänglich. Die schöne Aussicht bekommst du zu den preiswerten Tagesgerichten und Sandwiches gratis dazu.

RESTAURANT ALBERT
Bibliothèque Royale (Niveau +5) | Mont des Arts | kbr.be | Metro: Gare Central

BERÜHMTES FRÜHSTÜCK

Im Trendlokal bekommst du gutes Frühstück, später preiswerte Tagesgerichte und leckere Tapas, dazu gepflegte Biere und Weine.

CAFÉ BEBO
2, Av. de Stalingrad | Metro: Anneessens

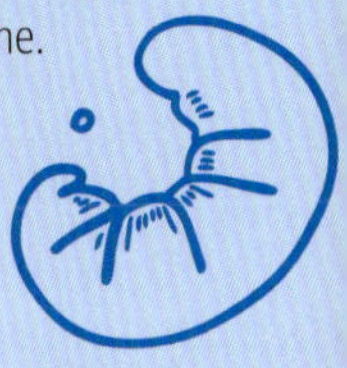

KREATIV-MEDITERRAN

Gesunde mediterrane Küche zu erschwinglichen Preisen. Stell dir deinen eigenen Mittagsmix aus Falafel, Hummus, Pita & Co. zusammen und genieß ihn auf der Place de Londres zusammen mit internationalen EU-Beamten.

OUNE FALAFEL
8, Place de Londres | oune falafel.be | Metro: Trône

BOWLS, BOWLS, BOWLS

Im libanesisch-europäischen Lokal stellst du Bowls für jeden Hunger und Geschmack nach eigenen Vorstellungen zusammen und zahlst nach Gewicht – oder, für weniger kreative Esser, du orderst Wraps, libanesische Pizzen sowie Fleisch- und Gemüsepasteten.

SEMSOM
95, Rue Lesbroussart | semsom.be | Tram: Bailli

GUT & GÜNSTIG

In der urigen Brasserie mit Terrasse machen einfache Speisen wie Suppen, Kartoffelpüree mit Gemüse oder Steak satt. Auch preiswerte Tagesgerichte schmecken.

PLATTESTEEN
41, Rue Marché-au-Charbon | Metro: Bourse

FRISCHES BIER SEIT 1880

Mit Art-déco-Ambiente ist es wie mit Antiquitäten. Entweder du kaufst beim Antiquitätenhändler oder du bist der Flohmarkttyp. Du bist der Flohmarkttyp? Dann ist die Brasserie Verschueren deine Bar. Vor allem wenn du Bier magst.

BRASSERIE VERSCHUEREN
11, Parvis de Saint-Gilles | verschu.be | Metro: Parvis de Saint-Gilles

Mal antesten!

ECHTE BELGISCHE KÜCHE

In diesem Mix aus Braterei und Restaurant kommen alle auf ihre Kosten, die etwas Brüssel-Typisches suchen. Spezialität ist das belgische Nationalgericht Moules Frites – also Muscheln mit Pommes. Kinder unter zwölf Jahren essen hier übrigens umsonst.

CHEZ LÉON
18, Rue des Bouchers | chezleon.be | Metro: De Brouckère

FÜR SELBSTVERSORGER

Im Dreieck zwischen Chaussée d'Ixelles, Chaussée de Wavre und Rue de la Paix liegt Brüssels kongolesisches Viertel. Insider-Tipp Hier findest du viele exotische Restaurants und fantastische Obst- und Gemüseläden mit günstigen Preisen.

MATONGÉ
Metro: Porte de Namur

Muscheln mit Pommes

SHOPPEN

La Boutique Tintin

Ohne Übertreibung: Brüssel ist ein Einkaufsparadies. Von glitzernden Passagen bis zu schnuckeligen Wochen- und Flohmärkten. Vintage- und Comic-Fans lieben die Stadt.

HAGEL UND GRANATEN!

Souvenir- und Sammlerladen für Fans von Tim und Struppi – die natürlich wissen, dass „Tintin" der französische Titel der berühmten Comicreihe ist. Der Laden ist außerdem ein kostenloses Museum für Comic-Devotionalien aller Art und Preisklassen.

LA BOUTIQUE TINTIN
13, Rue de la Colline | boutique.tintin.com | Metro: Bourse

KUNST ZUM MITNEHMEN

Auf der Rückseite des Musée Art & Histoire liegt das Gipsatelier. Preisgünstige Abgüsse herrlicher Originale, von kleinen Skarabäen bis zu ausgewachsenen Apollos, reinweiß oder originalgetreu bemalt.

ATELIER DE MOULAGES
10, Parc du Cinquantenaire | Metro: Mérode

MARCHÉ AUX PUCES

Komm wegen des bunteren Publikums lieber am Wochenende! Wenn dann noch eine Jazzband auf den Terrassen der Kneipen spielt, zaubert der Flohmarkt eine ganze eigene Atmosphäre in die Stadt.

FLOHMARKT
Place du Jeu de Balle | Metro: Porte de Hal

MODE FÜR ALLE

Exklusive Markenkleidung der vorigen Saison gibt's in diesen drei Läden besonders günstig im Schlussverkauf im Juli und Januar.

DOD
89, Rue du Bailli (DOD Homme) | 64, Rue du Bailli (DOD Femme) | 179, Avenue Louise (DOD Kids) | dod.be | Tram: Trinité

GUT ZU WISSEN

BRUSSELS CARD

Die Karte gewährt freien Eintritt in 30 Museen. Du erhältst sie bei den Fremdenverkehrsämtern, in vielen Museen und Metrostationen. Bei einer Geltungsdauer von 24 Stunden kostet sie 32 Euro, für 48 Stunden 42 Euro und für 72 Stunden 49 Euro. In Verbindung mit der kostenlosen Benutzung öffentlicher Verkehrsmittel zahlst du je nach Geltungsdauer 40, 57 oder 68 Euro.

Infos unter shop.brusselscard.be

FAHRRAD LEIHEN

An 180 strategisch wichtigen Stellen der ganzen Stadt (z. B. Gare Centrale, Place De Brouckère) stehen insgesamt 2500 Mietfahrräder. Die Grundgebühr beträgt 1 Euro, die erste halbe Stunde ist frei, die zweite halbe Stunde kostet 50 Cent, die dritte halbe Stunde kostet 1 Euro und jede weitere halbe Stunde 2 Euro. Du musst dich allerdings registrieren, bezahlt wird mit Kreditkarte.

Infos unter villo.be

UBER

In Brüssel funktioniert das Uber-Netz sehr gut, die Wartezeiten sind selten länger als fünf Minuten. Am Flughafen und an der Gare du Midi können Uber-Fahrer die Fahrgäste neben den Taxiständen abliefern. **Insider-Tipp** Prüfe alle Abholpunkte am besten kurz vorher in der App, da sie sich immer wieder ändern können.

MUSEEN

Bei einigen Brüsseler Museen zahlst du am 1. Mittwochnachmittag und/oder am 1. Sonntag des Monats keinen Eintritt. Infos bekommst du am besten auf den Webseiten der einzelnen Museen.

METRO-KUNST

Fast alle Metrostationen sind mit monumentalen Werken belgischer Künstler geschmückt, u. a. von Pierre Alechinsky (Anneessens), Paul Delvaux (Bourse) und Hergé (Stockel). Genauere Infos und einen gratis PDF-Leitfaden zur „Art dans le métro" finden sich online.

stib-mivb.be

WAS KOSTET WIE VIEL?

Kaffee ca. 3,50 Euro
für eine Tasse

Oper ab 10 Euro
für eine Karte

Bier ab 4 Euro
für ein Glas gueuze

Pommes ca. 3,50 Euro
für eine Tüte frites

Kino ca. 11 Euro
für ein Ticket

Taxi ca. 11 Euro
Gare du Midi – Grand Place

Mehr als Alaaf!

KÖLN

Der Dom. Der Rhein. Ein paar Kölsch. Und natürlich der Karneval. Auf diese vier Grundpfeiler wird Köln gern reduziert. Doch die Stadt ist auf diese Klischees nicht angewiesen – als eine lebensfrohe Metropole mit einem unverwechselbaren Charakter kann sie mit vielen Vorzügen punkten: einem aufregenden Nachtleben, der hohen Dichte an Restaurants, dem großen Angebot an etablierter Kultur und den sich immer wieder neu erfindenden Subkulturen. Und natürlich: dem „Effzeh"! Du hast hier endlose Möglichkeiten, ohne großes Budget viel zu erleben!

Groß St. Martin

DIE BESTEN SEHENSWÜRDIGKEITEN

Das solltest du nicht verpassen! Auch wenn der eine oder andere Eintritt nicht immer den Geldbeutel schont, diese Sehenswürdigkeiten gehören zu Köln einfach dazu!

DOM

Formvollendete gotische Baukunst. Die Türme wachsen in den Himmel und die Glasfenster tauchen das Innere des Gotteshauses in ein mystisches Licht.

Eintritt frei, außerdem kostenlose Dommusik-Konzerte Juni–Sept. Di 20 Uhr

Domkloster 4 | koelner-dom.de, domforum.de | Bahnen, Busse: Dom/Hbf

MUSEUM LUDWIG

Für alle Kunstfans: eine der international bedeutendsten Sammlungen von den Impressionisten bis zur Pop-Art.

Eintritt 12 Euro | Heinrich-Böll-Platz 1 | museum-ludwig.de | S-/U-/Straßenbahn, Bus: Dom/Hbf

FISCHMARKT

In einem der Biergärten einfach mal tief Luft holen: Von hier aus hast du die beste Aussicht auf Groß St. Martin und die bunten Altstadthäuser.

U-/Straßenbahn, Bus: Heumarkt

BELGISCHES VIERTEL

Schöne Boutiquen statt der bekannten Ketten bestimmen die Einkaufslandschaft in gründerzeitlichen Häusern.

U-/Straßenbahn, Bus: Rudolf-, Friesenplatz

10 x Köln

KOLUMBA

Das fantastische Gebäude von Peter Zumthor gewährt Einblicke in die Kunst und Ausblicke auf den Dom.

Eintritt 8 Euro | Kolumbastr. 2–4 | kolumba.de | S-/U-/Straßenbahn, Bus: Dom/Hbf

RHEINTREPPE

Die jahrelange Bauzeit hat sich gelohnt: Kölns Platz an der Sonne mit Premiumausblick.

Kennedy-Ufer | S-/U-/Straßenbahn, Bus: Bf. Deutz/ Messe

THE QVEST HOTEL

Aus dem Dornröschenschlaf geweckt: Das ehemalige Historische Archiv ist jetzt ein cooles Designhotel.

Gereonskloster 12 | qvesthotel.com | U-/Straßenbahn, Bus: Christophstr.

EHRENFELD

Kölns hipster Stadtteil, dessen Clublandschaft am Wochenende zu einer einzigen Partyzone wird.

U-/Straßenbahn, Bus: Venloer Str./ Gürtel, Körnerstr., Leyendeckerstr.

INNERER GRÜNGÜRTEL

Treffpunkt vor allem der jungen Stadtbewohner, die bei gutem Wetter das Leben feiern.

koelner-gruen.de | U-/Straßenbahn, Bus: Universitätsstr., Moltkestr.

STRASSENKARNEVAL

Der verkehrsberuhigte Chlodwigplatz ist das Epizentrum des närrischen Treibens.

U-/Straßenbahn, Bus: Chlodwigplatz

Kranhäuser am Rheinauhafen

MEHR ERLEBEN

Flora und Botanischer Garten

Würdest du den Dom links liegen lassen, käme das in Köln nicht gut an. Das zweite Heiligtum der Rheinmetropole ist der FC, für dessen Heimspiele du dich zeitig um Karten kümmern solltest.

WELTREISE MIT ALLEN SINNEN

Nur die Fassade ist vom ehrwürdigen „Flora"-Ballhaus übrig geblieben. Dahinter verbirgt sich seit einigen Jahren eine Multifunktionshalle – und das Café Dank Augusta, das seine Gäste bei schönem Wetter mit Leckereien im Picknickstil erfreut. Tiefer im Innern des Botanischen Gartens locken Gewächshäuser, Seen und Beete mit exotischen und einheimischen Pflanzen.

FLORA UND BOTANISCHER GARTEN

Eintritt frei | Amsterdamer Str. 34 | freundeskreis-flora-koeln.de | Bahnen, Busse: Zoo/Flora

TESTLAUF FÜR NEUE GAGS

Auf der kleinen Bühne des Atelier Theaters proben aufstrebende Talente ihre Bühnenwirkung und arrivierte Künstlerinnen und Künstler ihre neuen Programme – hier begann u. a. der TV-Komiker Tom Gerhardt seine Karriere).

ATELIER THEATER

Eintritt frei | Roonstr. 78 | ateliertheater.de/latenightcomedy | U-/Straßenbahn, Bus: Zülpicher Platz

Köln von oben

Seilbahn im Rheinpark

DEM DOM AUFS DACH STEIGEN

Der Aufstieg auf den Domturm umfasst 509 Stufen und dauert knapp eine halbe Stunde. Zur Belohnung hast du einen vorzüglichen Ausblick. Die schwere Petersglocke, zu bewundern im Glockenstuhl, wird im Volksmund „dä decke Pitter" genannt. Als sie 1923 in Apolda gegossen wurde, war sie mit 24 Tonnen die größte läutbare Glocke der Welt.

DOMTURM
Eintritt 6 Euro | Domkloster 4 | S-/U-/Straßenbahn, Bus: Dom/Hbf

„MER STONN ZO DIR"

Der „Effzeh" ist als einer der emotionalsten Fußballvereine des Landes bekannt. Unabhängig von der aktuellen Ligazugehörigkeit feiern die Fans den 1. FC Köln. Wenn bei Toren im Rheinenergie-Stadion „dat Trömmelche jeht", sind Gänsehautmomente garantiert.

RHEINENERGIE-STADION
Karten ab 13 Euro | Aachener Str. 999 | fc.de | U-/Straßenbahn: Rheinenergie-Stadion

OPEN-AIR-KUNST

Alle zwei Jahre werden die etwa 30 Skulpturen von zeitgenössischen Künstlern wie Tony Cragg, Louise Bourgeois, Martin Kippenberger, Martin Willing oder Markus Lüpertz neu geordnet. Gelungene Mischung aus Abstraktem und Figurativem.

SKULPTURENPARK
Eintritt frei | Riehler Str./Nähe Zoobrücke | skulpturenparkkoeln.de | U-/Straßenbahn, Bus: Zoo, Flora

GRÜNE LUNGE

Der Rheinpark wurde 1957 anlässlich der Bundesgartenschau eröffnet. Die mit großflächigen Blumenbeeten geschmückte Grünfläche ist an sonnigen Tagen proppenvoll. **Insider-Tipp** Von hier kannst du ebenso bequem wie spektakulär zum Zoo auf die andere Rheinseite fahren: mit der Seilbahn.

RHEINPARK
Einzelfahrt 5 Euro | koelner-seilbahn.de | S-/U-/Straßenbahn, Bus: Bf. Deutz/Messe

Außenterrasse des Früh

ESSEN & TRINKEN

Klar, Pizza, Döner, Burger und Falafel gibt es auch hier an jeder Ecke. Aber dafür bist du nicht nach Köln gekommen. In den zahlreichen Brauhäusern der Rheinmetropole wird nach Herzenslust geschlemmt. Setz dich doch einfach dazu.

NUR DONNERSTAGS!

Auf dem Rudolfplatz bauen donnerstags Marktbeschicker, Delikatessenhändler und Streetfood-Pioniere ihre Stände auf. Kölner aus allen Vierteln und Milieus genießen ihren Food-Markt, schlemmen und trinken dabei ein Weinchen. Eine wahre Bereicherung.

STREETFOOD MARKT MEET&EAT

Do ab 16 Uhr | Rudolfplatz | meet-and-eat.koeln | U-/Straßenbahn, Bus: Rudolfplatz

KLEIN & CHARMANT

Gemütliches Café im hippen Ehrenfeld, tatsächlich betrieben von zwei Schwestern.

SCHWESTERHERZ

Venloer Str. 239 | schwesterherz-koeln.de | U-/Straßenbahn: Piusstr.

TRADITIONSLOKAL

Einer der letzten Orte, in denen kölsche Originale sich die Türklinke in die Hand geben. Trotz des Namens bevorzugen die meisten Gäste den Konsum von Bier. Die Schoppenweine sind günstig und süffig.

WEINHAUS VOGEL

Eigelstein 74 | weinhaus-vogel.de | U-/Straßenbahn, Bus: Ebertplatz oder Breslauer Platz

LIEBLING DER SÜDSTADT

Irgendwann kommt immer die Frage: Wo gibt es die beste Pizza der Stadt? Dieses Restaurant ist auf jeden Fall weit vorne – auch weil die Speisen die Größe eines Wagenrades haben. Mittagsmenü!

TOSCANINI
Jakobstr. 22 | toscanini.restaurant | U-/Straßenbahn, Bus: Chlodwigplatz

KÖLSCHKNEIPE

Kölsche Veedels-Atmosphäre mit echten Charakteren am Tresen. Zu essen gibt's Klassiker der rheinischen Küche. **Insider-Tipp** In kaum einem Traditionslokal ist das Kölsch so günstig wie hier.

FRÜH EM VEEDEL
Chlodwigplatz 28 | fruehemveedel.de | U-/Straßenbahn, Bus: Chlodwigplatz

VEGAN IN EHRENFELD

Veganes aus dem Wok. Die asiatischen Gerichte sind zu 100 % pflanzlicher Herkunft, die Zutaten wie Currypaste selbst gemacht.

MEI WOK
Venloer Str. 384 | koeln.meiwok.de | U-/Straßenbahn: Venloer Str./Gürtel

EINMAL STERNEKÜCHE?

Überraschung in der touristischen Altstadt: neue deutsche Küche auf beachtlichem Niveau (mit Michelin-Stern) und vergleichsweise günstig: Vier-Gänge-Menü um 50 Euro.

MAIBECK
Am Frankenturm 5 | maibeck.de | S-/U-/Straßenbahn, Bus: Dom/Hbf

PALAST EWIGER JUGEND

Außer fahler Beleuchtung, Tequila vom Fass, Bier und Musik gibt es hier nichts. Dennoch ist der Laden am Wochenende immer voll.

LOW BUDGET
Aachener Str. 47 | lowbud.de | U-/Straßenbahn: Moltkestraße

Kaffee von Herzen

LOKALKOLORIT

Fans verehren die Gaststätte wegen der riesigen Schnitzel und des kölschen Lokalkolorits. Hier geht's immer noch zu wie zu Omas Zeiten.

BEI OMA KLEINMANN
Zülpicher Str. 9 | beiomakleinmann.de | U-/Straßenbahn, Bus: Barbarossaplatz

SHOPPEN

Für Sammler von Vinyl

Hohe Straße, Breite Straße, Mittelstraße ... bisschen einfallslos, aber so heißen die Kölner Shopping-Meilen. Interessante Läden findest du auch im Belgischen Viertel und in Ehrenfeld.

NUR VINYL

Dieser gar nicht mal so kleine Laden ist bis unter die Decke vollgepackt mit hochwertigem und teilweise recht preisgünstigem Vinyl.

UNDERDOG RECORDSTORE

Ritterstr. 52 | underdogrecordstore.de | S-Bahn: Hansaring

IMMER WAS NEUES

Street-Art fürs Wohnzimmer in einem galerieähnlichen Raum, Lichtobjekte und viel Lokalkolorit. **Insider-Tipp** Die Fotos von kölschen Wahrzeichen sind günstig und drängen sich als Mitbringsel geradezu auf.

KUNST&SO

Genter Str. 6 | kunstundso-koeln.de | U-/Straßenbahn: Friesenplatz

SECONDHAND

Von der Hippiemode der 1960er-Jahre mit ihrer Vorliebe für schrille Farben bis zu schicker Garderobe aus jüngerer Zeit reicht das Inventar. Die Teile sind größtenteils nach Farben sortiert.

DIE GARDEROBE

Körnerstr. 29 | U-/Straßenbahn: Körnerstraße

FÜR SCHNÄPPCHEN

Es muss ja nicht immer das neueste Modell sein. Sportklamotten zu Discountpreisen findest du bei diesem Spezialisten.

MUSKELKATER

Aachener Str. 76 | muskelkatersport.de | U-/Straßenbahn, Bus: Rudolfplatz

Sportlich!

COOLER TRÖDEL

Nippes, Porzellan, alte Bücher, Möbel und Raritäten: So gut wie hier kannst du sonst nur selten stöbern.

FLOHMARKTHALLE KÖLN

Mauritiussteinweg 100 | flohmarkthalle-koeln.de | U-/Straßenbahn, Bus: Neumarkt

GUT ZU WISSEN

KÖLNCARD

Die KölnCard gewährt ermäßigten Eintritt in viele Kölner Museen und vergünstigte Tickets für eine Schifffahrt auf dem Rhein oder einen Theaterbesuch. Hinzu kommen bis zu 50 % Rabatt bei Stadtführungen sowie Ermäßigungen in vielen Geschäften und Restaurants und die Benutzung des ÖPNV ist mit inbegriffen. So rechnet sich der Preis von 9 bzw. 18 Euro für 24 oder 48 Std. schnell. Gruppen von bis zu fünf Personen zahlen lediglich den doppelten Preis, also 19/38 Euro.

Infos unter koelntourismus.de

ÖPNV-TICKETS

Tickets von KVB (Kölner Verkehrsbetriebe) und VRS (Verkehrsverbund Rhein-Sieg) gibt es an den Schaltern am Hauptbahnhof, in den Fahrgastzentren (z. B. am Neumarkt), an den Automaten in den U-Bahn-Stationen und in den Bahnen. Praktische Alternativen sind die Apps der Verkehrsbetriebe, die eine Anmeldung erfordern, dir aber bis zu 10 % des Fahrpreises sparen.

Infos unter kvb-koeln.de

FAHRRAD LEIHEN

Bei der Radstation Köln (Markmannsgasse/Rheingarten) kostet das Leihen eines Fahrrads für 3 Std. 7 Euro, pro Tag 14 Euro. Täglich startet hier um 13.30 Uhr eine dreistündige, geführte Stadtrundfahrt (25 Euro inkl. Rad). Fremdsprachige Radführungen gibt es nach Voranmeldung. Keine Reservierung möglich!

RADSTATION KÖLN

Markmannsgasse/Altstadt | radstationkoeln.de | U-/Straßenbahn, Bus: Heumarkt, Altstadt

AKTIVÄTEN

Auf dieser Plattform findest du kostenlose Events und Aktivitäten in Köln – für jede Altersgruppe ist etwas dabei.

KÖLN KOSTENLOS

koelnkostenlos.de

SPORT MACHEN

Wenn du dich bei einem Besuch in Köln fit halten möchtest, ohne Geld auszugeben, findest du mehr als zehn sogenannte „Trimm-dich-Pfade" in Parks oder anderen öffentlichen Anlagen, wo du an Geräten turnen kannst, u. a. im Kölner Stadtwald, am Inneren Grüngürtel oder im Bewegungspark am Decksteiner Weiher.

TRIMM-DICH-PFADE

Infos unter trimm-dich-pfad.com

WAS KOSTET WIE VIEL?

Kölsch 1,80 Euro
für ein Glas (0,2 l)

Leihfahrrad 12 Euro
pro Tag

Karneval 45 Euro
Sitzung „Lachende Kölnarena"

Kaffee 2,50–4 Euro
von Filterkaffee bis Caffè Latte

Halve Hahn 3,80 Euro

Die goldene Stadt

PRAG

Prag, das goldene, tausendjährige, hunderttürmige – eine Stadt der Geschichte und der Geschichten. Das junge Leben und die alte Stadt – Tradition und Moderne sind in Prag keine Gegensätze. In den Gassen und Winkeln zwischen den Palästen von Altstadt und Kleinseite haben sich Mystik und Magie der Stadt erhalten. Das Gewirr der versteckten Gässchen ist wie geschaffen dafür, sich in ziellosen Spaziergängen in der Atmosphäre Prags zu verlieren. Und Dinge zu erleben, ohne dein Reisebudget zu sprengen.

Blick vom Turm auf den Altstädter Markt

DIE BESTEN SEHENSWÜRDIGKEITEN

Das solltest du nicht verpassen! Auch wenn der eine oder andere Eintritt nicht immer den Geldbeutel schont, diese Sehenswürdigkeiten gehören zu Prag einfach dazu!

HRADSCHIN

Die größte Burg der Welt – der Ort von Fensterstürzen und kafkaesken Eingebungen ist heute Amtssitz des Staatspräsidenten.

Eintritt zum Burgareal frei

Eintritt Burg und Gebäude 250 Kč | Hradčany | hrad.cz | Straßenbahn: Pražský hrad

ALTNEUSYNAGOGE

Europas älteste Synagoge – der Sage nach ruht hier der Golem.

Eintritt 200 Kč | Červená 2 | Metro: Staroměstská

ALTSTÄDTER RING

Das quirlige Herz von Prag – eine Achterbahnfahrt durch die Jahrhunderte im 360-Grad-Panorama.

Metro: Staroměstská

GOLDENES GÄSSCHEN

Hausten wirklich Alchemisten in den malerischen Liliput-Häuschen an der inneren Burgmauer?

Eintritt nach 16 Uhr frei

Eintritt bis 16 Uhr mit Burgticket 250 Kč | Straßenbahn 22, 23 Pražský hrad

ALTER JÜDISCHER FRIEDHOF

Der malerische Gottesacker bewahrt den Geist der untergegangenen Judenstadt.

Kombiticket 500 Kč inkl. Synagogen u. Altem Friedhof | Široká 3 | jewishmuseum.cz | Metro: Staroměstská

10 x Prag

KARLSBRÜCKE

Seit fast 700 Jahren verbindet sie beide Moldauseiten – einst als wichtigste Verkehrsachse, heute als Freiluftgalerie mit grandiosem Panorama.

Metro: Malostranská

PETŘÍN-GÄRTEN

Bei einem Picknick unter dem „Prager Eiffelturm" liegt einem ganz Prag zu Füßen.

Eintritt Turm/Spiegelkabinett 150/100 Kč | Straßenbahn: Hellichova

SLAVIA

Die Grande Dame der Prager Kaffeehäuser – seit 1884 gleichermaßen für den Kaffee wie für den grandiosen Moldaublick geschätzt.

Národní třída 1 | cafeslavia.cz | Straßenbahn: Národní divadlo

U ZLATÉHO TYGRA

Es gibt sie immer noch – die gute alte Prager Kneipe: holzvertäfelt, bierdunstig und schon am Nachmittag gesteckt voll, wie etwa der „Goldene Tiger".

Husova 17 | uzlatehotygra.cz | Metro: Staroměstská

PALLADIUM

Eine ehemalige k.u.k. Kaserne beherbergt Prags größte Innenstadt-Mall.

Náměstí Republiky 1 | palladiumpraha.cz | Metro: Náměstí Republiky

Karlsbrücke über die Moldau

Bunte Häuser im Goldenen Gässchen

Kaum eine Geschichte ist so wechselhaft wie die der Stadt Prag. Ihr Zentrum ist seit 1992 UNESCO-Weltkulturerbe. An historischen Gebäuden, kulturellen Angeboten und spannenden neuen Sehenswürdigkeiten besteht kein Mangel.

PRAG-PANORAMA

Fast 80 m hoher Glockenturm der St.-Niklas-Kirche, von dem aus der tschechoslowakische Geheimdienst zu kommunistischen Zeiten die Umgebung überwachte. Eine kleine Ausstellung zeigt Ferngläser und Fotoapparate der damaligen Spitzel. Viel schöner aber ist der sensationelle Ausblick, der den Aufstieg über die 303 Treppenstufen lohnt!

ST.-NIKLAS-KIRCHE
Eintritt bis 1 Std. nach Öffnung 80 Kč, sonst 190 Kč | Malostranské náměstí 29| stnicholas.cz | Metro: Malostranská

OPEN-AIR-GALERIE

Schon seit den 1960ern diente die Umfriedung des Malteser-Gartens als „Leinwand" für Geistesblitze und Liebesschwüre. **Insider-Tipp** Nach der Ermordung John Lennons 1980 wurde die Graffitimauer zu einem Underground-Kultort. Bis heute werden die Graffitis und Botschaften immer wieder durch neue ersetzt – ein sich stets wandelndes Stück Zeitgeschichte.

JOHN-LENNON-MAUER €
Velkopřevorské náměstí | Straßenbahn: Hellichova

Unbedingt ansehen!

4-mal Kunst

KULT-KULTUR

Insider-Tipp Bühne in einer Industrieruine für die junge Kunst-, Musik- und Theaterszene. Prags hipste Kulturstätte ist eingekeilt im Nirgendwo zwischen Vorstadtautobahn und Eisenbahngleisen, die Fleisch-Auto-Skulpturen an der Fassade weisen dir den Weg.

MEETFACTORY

Eintritt frei bzw. je nach Veranstaltung | Ke Sklárně 15 |meetfactory.cz | Straßenbahn, Bus: Lihovar

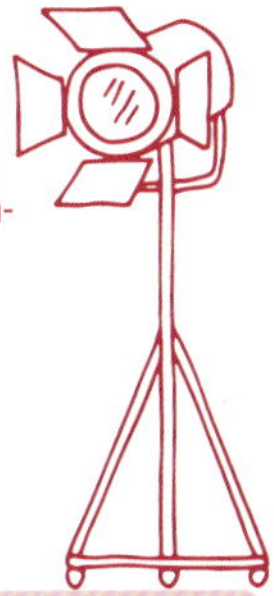

20. JAHRHUNDERT

Museum für moderne Kunst in einer renovierten Mühle (Sovovy mlýný) aus dem 14. Jh. direkt an der Moldau. Es beherbergt eine einzigartige Sammlung von Kunst aus Mitteleuropa sowie Werke aus der kommunistischen Ära. Mit Restaurant und sehenswerter gläserner Aussichtsplattform.

Eintritt ab 190 Kč | U Sovových mlýnů 503/2 | museumkampa.cz | Straßenbahn: Újezd

KLASSISCHE KUNST

Größtes Museum der Tschechischen Republik mit Dauerausstellungen zur Natur- und Landesgeschichte von der Vorzeit bis ins 20. Jh. Daneben gibt es immer wieder neue Wechselausstellungen.

NATIONALMUSEUM

Eintritt 280 Kč | Václavské náměstí 68 | nm.cz | Metro: Muzeu

Haupttreppe des Nationalmuseums

INSEL DER RUHE

Der älteste botanische Garten Prags mit wechselnden Ausstellungen von Pflanzen wie blühenden Kakteen oder exotischen Vögeln. Das weitläufige Freigelände mit den zahlreichen Gewächshäusern besteht seit 1845 – und ist ideal für eine kurze Verschnaufpause.

BOTANISCHER GARTEN DER KARLSUNIVERSITÄT

Eintritt Freigelände kostenlos, Gewächshäuser 100 Kč | Na Slupi 16 | bz-uk.cz | Bus: Botanická zahrada, U-Bahn: Karlovo náměstí, I. P. Pavlov

Letná-Biergarten

ESSEN & TRINKEN

In Tschechien wird europaweit am meisten Fleisch gegessen? Stimmt nicht ganz. Und am meisten Bier getrunken? Ja, mit Abstand! So oder so, mit weniger auf den Rippen kommt kaum jemand aus Prag nach Hause.

HERZHAFT TSCHECHISCH

Wo Bürgermeister Globic um 1600 eine Brauerei betrieb, laden heute zwischen Karlsbrücke und Burg ein gotisches Gewölbe, ein mondänes Erdgeschoss und ebenso gutes wie günstiges Pilsner ein.

U GLAUBICŮ

Malostranské náměstí 5 | Straßenbahn: Malostranské náměstí

KUCHEN VOM GRILL

Mittlerweile bekommt man in Prag Baumstriezel, auf Tschechisch *trdelník*, ein auf einer Spindel gerolltes und über dem Feuer gebackenes süßes Hefegebäck, praktisch an jeder Ecke, z. B. bei Trdelník & Coffee.

TRDELNÍK & COFFEE

U Starého Hřbitova 42/2 | trdelnik-coffee.business.site | Bus: Pařížská

DEFTIG

Internationale und böhmische Küche im Brauhausambiente. Auch günstige Mittagsmenüs sind zu haben.

MALOSTRANSKÁ BESEDA

Malostranské náměstí 21 | malostranska-beseda.cz | Straßenbahn: Malostranské náměstí

BELEGTE BROTE

Stehimbiss und Prager Feinkostklassiker: Hier ist alles, wie es schon immer war, allem voran die überbordenden Theken mit der tschechischen Fast-Food-Alternative *chlebíčky*. Immer dabei: Mayonnaise.

ZLATÝ KŘÍŽ

Jungmannova 34 | lahudkyzlatykriz.cz | Metro: Můstek

KLASSE BÄCKER

Stilvolle funktionalistische Konditorei mit zwei Filialen. Köstliche Kuchen zu günstigen Preisen.

ERHARTOVA CUKRÁRNA
Milady Horákové 56 | erhartovacukrarna.cz | Straßenbahn: Letenské náměstí

BROT-KUNSTWERKE

Das Motto der beiden Schwestern, die diesen Imbiss führen, lautet „Good food fast". Im Mittelpunkt: *chlebíčky*, die in Tschechien so beliebten belegten Weißbrotscheiben. Hier gibt es sie aufgemotzt, nicht ganz so mayonnaiselastig wie sonst und richtig lecker.

SISTERS
Dlouhá 39 | sistersbistro.cz | Metro: Náměstí Republiky

FRISCHES BIER!

Urige Altstadtkneipe, in der die Prager noch in der Überzahl sind. Einfache, günstige böhmische Küche (Gulaschsuppe!), dazu frisches Pilsener Urquell.

U PARLAMENTU
Valentinská 8 | uparlamentu.cz | Metro: Staroměstská

PIVO MIT MOLDAUBLICK

An heißen Tagen ist der Letná-Biergarten rappelvoll. Das frisch gezapfte Bier gibt's für ca. 2 Euro am Büdchen. Der sensationelle Blick auf die Altstadt ist gratis.

LETENSKÝ ZÁMEČEK
Letenské sady | letenskyzamecek.cz | Straßenbahn: Sparta

Drink responsibly!

KNÖDEL-PARADIES

Kultivierte Anlaufstelle für Knödelforscher. Hier gibt's die böhmische Seele in allen Variationen – von süß bis salzig, von *šulánky* bis Nockerln.

VINOHRADSKÝ PARLAMENT
Korunní 1 | vinohradskyparlament.cz | Metro: Náměstí Míru

Hermelín, eingelegter Käse mit Zwiebeln und Sardinen

SHOPPEN

Havelmarkt

Im Vergleich zu anderen Großstädten in Westeuropa ist in Prag vieles immer noch günstig. In den meisten Geschäften kannst du auch in Euro bezahlen.

EDLES AUS GLAS

Mit den edlen Stücken der berühmten westböhmischen Glas- und Keramikdynastie statten sich bis heute Königshäuser und Superreiche aus. Angucken kostet ja nichts – und ansonsten ist auch zweite Wahl im Angebot.

MOSER
Na Příkopě 12 | moser.com | Metro: Můstek

FÜR DIE FÜSSE

Am Wenzelsplatz steht das Prager Stammhaus der weltweiten Schuhmode-Kette Bat'a – mit preisgünstigen Angeboten.

BAT'A
Václavské náměstí 6 | bata.com | Metro: Můstek

ALLES AUSSER KREMPEL

Prag-Mitbringsel junger tschechischer Designer – ganz ohne Souvenirkitsch. Online aussuchen und offline abholen im Café Roesel.

PRAGTIQUE
Mostecká 20 | pragtique.cz | Straßenbahn: Malostranské náměstí

FLÜSSIGE MITBRINGSEL

Dutzende Sorten Bier vor allem aus Klein- und Minibrauereien – zum Gleich-hier-Trinken, als Proviant oder zum Mit-nach-Hause-Nehmen.

GALERIE PIVA
Krymská 36 | galeriepiva.cz | Straßenbahn: Ruská

TOLLER MARKT

Einer der ältesten Märkte; er führt heute vorrangig günstiges Gemüse, Holzspielzeug und Schmuck. Wer hier nicht fündig wird, hat es auch anderswo schwer.

HAVELMARKT
Havelská | Metro: Můstek

GUT ZU WISSEN

MOLDAUFAHRT

Die günstigste Moldaufahrt gibt es auf den witzigen kleinen Linien-Personenfähren: Hier gelten die normalen ÖPNV-Tickets – z. B. von Výtoň nach Smíchov oder von Holešovice über die Hetzinsel (Štvanice) nach Karlín.

Tickets ab 30 Kč | ropid.cz/en/ferries

FAHRRAD LEIHEN

Prag ist keine Fahrradstadt, dafür sorgen schon Kopfsteinpflaster und die hügelige Lage. Andererseits nimmt der Zweiradverkehr stark zu – auch dank des Bike-Sharing-Projektes Rekola: Fahrräder stehen überall in der Innenstadt zur Verfügung und sind per App unkompliziert zu mieten. Ein Helm ist ratsam.

KOLA
Fahrrad 35 Kč pro halbe Stunde | rekola.cz

TAXI

Die beiden großen Taxiunternehmen der Stadt sind AAA und City-Taxi – „fair place"-Schilder zeigen an, dass ein Taxistand überprüft ist. Generell gilt: Besteh darauf, dass der Taxameter eingestellt wird. Wer Preise aushandelt, zahlt immer drauf. Die Grundgebühr für eine Fahrt beträgt 40 Kč, eine Wartezeit wird mit bis zu 6 Kč/Min. verrechnet. **Insider-Tipp** Eine transparente Alternative zum Taxistand ist die Taxi-App Liftago.

AAA
aaataxi.cz

CITY-TAXI
citytaxi.cz

PRAGUE VISITOR PASS

Stadtpass und ÖPNV-Netzkarte für Kulturtouristen – recht hochpreisig, doch dafür gibt es Gratiseintritt zu mehr als 60 Sehenswürdigkeiten. Gültigkeit 48/72/120 Stunden, 2100/2800/3600 Kč. Erhältlich in den TIC-Touristeninformationen oder als ePass online.

Infos unter praguevisitorpass.eu

STADTFÜHRUNG

Meist auf dem Altstädter Ring starten die Gratisstadtführungen verschiedener Anbieter. Schau dir aber besser, bevor eine Tour beginnt, noch einmal den genauen Treffpunkt an. Die Führer sind oft Expats oder Studenten. Finanziert werden die Touren allein über Trinkgelder.

FREEWALKING TOURS & GURU WALK
Infos unter freewalkingtourprague.eu oder guruwalk.com

ÖPNV-STADTRUNDFAHRT

Die Straßenbahnlinie 22 lässt kaum eine Sehenswürdigkeit aus: Ob Nationaltheater oder Hradschin, Karlsplatz oder Wallensteingarten – steig einfach in diese Tram.

Tickets ab 30 Kč | pid.cz

WAS KOSTET WIE VIEL?

Museum 3–12 Euro
für ein Ticket

Espresso 2 Euro
für eine Tasse

Zoo 10 Euro
für einen Erwachsenen

Bier 2 Euro
für ein Glas (0,5 l)

Imbiss 3,50 Euro
für ein Würstchen

Polens Kulturhauptstadt

KRAKAU

In Krakaus Gesicht spiegeln sich die Jahrhunderte. Aber von steifer Museumsatmosphäre keine Spur. Die Metropole an der Weichsel hat eine ganz besondere Atmosphäre: ein Mix aus Kultur und prallem Leben, aus Historie und Moderne, aus Zukunft und Legende. Hier kannst du Festivals erleben, auf Zeitreise inmitten unvergänglicher Architektur gehen, auf den Spuren von Kopernikus wandeln oder einfach das Leben genießen – in zahlreichen Cafés, Restaurants und Clubs. Wie das Ganze auch noch günstig funktioniert, erfährst du in diesem Kapitel.

Marktplatz mit Marienkirche und Tuchhallen

DIE BESTEN SEHENSWÜRDIGKEITEN

Das solltest du nicht verpassen! Auch wenn der eine oder andere Eintritt nicht immer den Geldbeutel schont, diese Sehenswürdigkeiten gehören zu Krakau einfach dazu!

COLLEGIUM MAIUS

Akademisches Juwel: eine der ältesten Universitäten der Welt.

Mi Nachmittag Eintritt frei

Eintritt ab 15 Zł. | Ulica Jagiellońska 15 | maius.uj.edu.pl | Straßenbahn: Uniwersytet Jagielloński

FRANZISKANERKIRCHE

Die einzige Jugendstilkirche der Stadt darfst du nicht verpassen.

Eintritt frei

Plac Wszystkich Świętych 5 | franciszkanska.pl | Bus, Straßenbahn: Plac Wszystkich Świętych

MARKTPLATZ

Auf dem größten gotischen Marktplatz Europas pulsiert das junge Herz der Stadt.

Bus, Straßenbahn: Plac Wszystkich Świętych

CZARTORYSKI-MUSEUM

Das älteste Museum Krakaus ist endlich fertig renoviert und erstrahlt im neuen Glanz.

Di Eintritt frei

Eintritt 60 Zł. (Onlinebuchung vorab empfohlen)| Ulica Pijarska 15 | mnk.pl | Bus, Straßenbahn: Stary Kleparz

FESTIVAL DER JÜDISCHEN KULTUR

Für ein paar Tage steht die jüdische Welt im Mittelpunkt – mit den besten nationalen Musikern und Künstlern.

Juni/Juli | Stadtteil Kazimierz | jewishfestival.pl

10 x Krakau

MARIENKIRCHE

Der Beweis für den Reichtum im Mittelalter – nicht nur wegen des Hauptaltars von Veit Stoß.

Eintritt Kirche 15 Zł. | Plac Mariacki 5 | mariacki.com | Bus, Straßenbahn: Plac Wszystkich Świętych

TUCHHALLEN UND GEMÄLDEGALERIE

Die prächtigen Renaissancefassaden krönen den Krakauer Marktplatz.

Eintritt 32 Zł. | Rynek Główny 1–3 | mnk.pl | Bus, Straßenbahn: Plac Wszystkich Świętych

KÖNIGLICHES SCHLOSS

Das schönste Renaissanceschloss des Landes hat viele Schätze in petto.

Mo Eintritt frei

Eintritt je nach Ausstellung ab 6 Zł. | Wawel 5 | wawel.krakow.pl | Straßenbahn: Wawel

FRONLEICHNAMSKIRCHE

Roter Ziegelstein und vergoldete Altäre: Die Pfarrkirche von Kazimierz beeindruckt nicht nur durch ihre Kanzel in Form eines Boots.

Eintritt frei

Ulica Bożego Ciała 26 | Bus, Straßenbahn: Plac Wolnica

AUSCHWITZ-BIRKENAU

Berührend, schockierend und wichtiger denn je: ein Besuch im ehemaligen Vernichtungslager der Nazis.

Eintritt mit Führung ab 90 Zł. (Online-Buchung vorab empfohlen) | Więźniów Oświęcimia 55, Auschwitz | auschwitz.org/en | Zug: Oświęcim (Bahnhof Auschwitz), dann Bus: Muzeum Auschwitz oder ca. 1,5 km Fußweg oder Minibusse vom Krakauer Bahnhof: Muzeum Auschwitz

Innenhof des Collegium Maius

MEHR ERLEBEN

Sonnenaufgang auf dem Krak-Hügel

„Heimliche Kulturhauptstadt" wird Krakau gerne genannt. Völlig zu Recht. Nirgendwo in Polen triffst du auf mehr tolle Architektur und spannende Kultur. Hier eine kleine Auswahl an echten Highlights, die du dir nicht entgehen lassen darfst.

JÜDISCHES ERBE

Die gotische Synagoge erzählt als Museum die Geschichte des jüdischen Alltags. Der Tempel stammt aus dem ausgehenden 15. Jh. und ist die älteste Synagoge Polens.

ALTE SYNAGOGE
Mo Eintritt frei, sonst 18 Zł. | Ulica Szeroka 24 | muzeumkrakowa.pl/oddzialy/stara-synagoga | Bus, Straßenbahn: św. Wawrzyńca

LITERATENPARK

In diesem Park kannst du gratis die größte Sammlung des 19./20. Jh. an Denkmälern z. B. von polnischen Künstlern oder fiktiven Personen aus der Literatur bewundern. Über QR-Codes, die du an vielen Bänken findest, lernst du etwas über Schriftsteller und Dichter wie Stanisław Lem, Georg Trakl oder Herta Müller.

PLANTY
Eintritt frei | Bus, Straßenbahn: Poczta Główna

FÜR DIE ÜBERSICHT

Vom Krak-Hügel, über den man übrigens rätselt, ob er Teil eines astronomischen Kalenders oder das Grabmal von Krakaus gleichnamigem, legendärem Gründer ist, hast du einen wunderbaren Panoramablick auf die Schöne an der Weichsel.

KRAK-HÜGEL
Bus, Straßenbahn: Cmentarz Podgórski

Unbedingt reingehen!

GANZ VIEL KUNST

Dauer- und Wechselausstellungen von aktueller moderner polnischer und internationaler Kunst. Für den Museumsbau wurden Teile der Schindlerfabrik genutzt. Mittwochnachmittags werden alle lauten oder hell beleuchteten Werke heruntergedreht oder abgeschaltet, es gibt keine Führungen oder Workshops – Stille!

MUSEUM FÜR MODERNE KUNST (MOCAK)

Do Eintritt Dauerausstellung frei und Wechselausstellungen ermäßigt, sonst 20 Zł. | Ulica Lipowa 4 | mocak.pl | Straßenbahn: Plac Bohaterów Getta, ul. Limanowskiego oder Zabłocie

AUF DER WEICHSEL

Bei einer Paddelboottour auf der Weichsel siehst du Krakau aus einer völlig neuen Perspektive – und kannst dich auf dem Wasser an einem warmen Sonnentag richtig entspannen.

KOLEJOWY KLUB WODNY 1929

Kajaks Mo–Fr ab 15 Zł./Std., Sa/So ab 20 Zł./Std. | Ulica Księcia Józefa 24a | kajaki-krakow.pl | Bus: Malczewskiego (nż)

AN DER WEICHSEL

Wohl die schönste Radtour führt an der Weichsel entlang von Krakau zur Benediktinerabtei in Tyniec.

Wo du Fahrräder leihen kannst: s. S. 143
Einfache Strecke: ca. 13 km

Museum für moderne Kunst (MOCAK)

VOLLES PROGRAMM

Krakau ist eine Jazzstadt und hier spielen die Großen im tollen Backsteinambiente eines alten Kellers – dazu gibt es gute Drinks und eine große Bierauswahl.

HARRIS PIANO JAZZ BAR

Eintritt je nach Veranstaltung ab 20 Zł. | Rynek Główny 28 | harris.krakow.pl | Bus, Straßenbahn: Plac Wszystkich Świętych

ESSEN & TRINKEN

Jüdisch essen in Kazimierz

Deftig und fleischlastig ist die polnische Küche. Veggies haben's da nicht leicht. Aber die köstlichen Piroggen (*pierogi*) und die vielen leckeren Suppen, die man in Krakau gerne isst, gibt es auch in pflanzlichen Varianten.

TOLLES KAFFEEHAUS

Echte Genießer widmen sich Kuchen, Torten und der größten Auswahl an Desserts in der Stadt an einem der Tische draußen, mit schönem Blick auf die Tuchhallen.

SŁODKI WENTZL
Rynek Główny 19 | slodkiwentzl.pl | Bus, Straßenbahn: Plac Wszystkich Świętych

CRÊPES-SPEZIALISTEN

Im Sommer lockt die herrlich grüne Terrasse zum tollen Frühstücksbüfett, zu internationaler Küche und allen Arten von süßen und salzigen Crêpes.

KOLANKO NUMER 6
Ulica Józefa 17 | kolanko.net | Straßenbahn: Plac Wolnica

PIROGGEN-PARADIES

Unterschiedliche und immer leckere *pierogi*-Sorten, z. B. Ente und Apfel, Sauerkraut, Buchweizen und Käse oder Pilze. Dazu gibt's typisch polnische Suppen und Kuchen. Liebevoll authentische Einrichtung, das Personal trägt Tracht. Und günstig ist der Laden auch noch – dank Selbstbedienung.

PIEROGARNIA KRAKOWIACY
Ulica Szewska 23 | facebook.com/PierogarniaKrakowiacy | Bus, Straßenbahn: Teatr Bagatela

ZUM DURCHFUTTERN

Eine Adresse für den ganzen Tag. Frühstück, Burger, Steaks und Pizza geben die richtige Grundlage, um dann an der Bar oder im schönen Innenhof bei entspannten DJ-Klängen in die Nacht zu surfen.

LE SCANDALE
Plac Nowy 9 | scandale garden.pl | Bus, Straßenbahn: Stradom

Schnell & lecker

PREIS-LEISTUNG STIMMT

In den Selbstbedienungslokalen der Restaurantkette bekommst du hausgemachte Gerichte (Suppen, Fleisch) nach polnischer Art.

POLAKOWSKI
Ulica Miodowa 39 | polakowski.com.pl | Straßenbahn: Miodowa

POLNISCHE PIZZA

An den kleinen Imbissständen in der Halle Okrąglak, bis 1939 ein koscheres Geflügelschlachthaus, bekommst du leckere *zapiekanka*. Der Kultsnack für um die 10 Zł. ist eine Art polnische Pizza. Der beste Imbiss hier: U Endziora.

U ENDZIORA
Plac Nowy 4 B | facebook.com/pages/Zapiekanki-u-Endziora | Bus, Straßenbahn: Stradom

ERSCHWINGLICHER LUNCH

Internationale Küche der Luxusklasse im mittelalterlichen Bürgerhaus: *raraka* (Kartoffelpuffer mit Kaviar), Rentier- oder Lachstatar. Aber: zwischen 12 und 15 Uhr Lunch zum günstigeren Preis.

SZARA
Rynek Główny 6 | szara.pl | Bus, Straßenbahn: Plac Wszystkich Świętych

ALLES GRÜTZE

Die Gerichte auf der Speisekarte **Insider-Tipp** basieren ausschließlich auf den grob gemahlenen Getreidekörnern, mal aus Buchweizen, mal aus Hirse oder Weizen (Perlgraupen). Serviert werden die Leckereien auf Holztellern mit Salat und Sauce, Fleisch oder vegetarisch.

DOBRA KASZA NASZA
Rynek Główny 28 | dobrakaszanasza.pl | Bus, Straßenbahn: Plac Wszystkich Świętych

Barszcz ukrainski, *Gemüsesuppe aus Roter Bete*

SHOPPEN

Marktstände in den Tuchhallen

In Krakau gibt es noch viele Tante-Emma-Läden, in denen man nach besonderen Mitbringseln stöbern kann. Teuer ist es auch nicht und manche Läden haben 0–24 und 7/7 offen.

FLOHMARKT

Jeden Sonntag bekommst du hier alles Mögliche zu fairen Preisen, von alten Radios bis zu Meissner Porzellan.

PLAC TARGOWY UNITARG

Ulica Gregórzecka | unitarg.krakow.pl | Straßenbahn: Hala Targowa

BÜCHERKLASSIKER

Die Krakauer Filiale der Buchhandelskette Insider-Tipp liegt in einem Haus, in dem schon 1610 ein Buchladen war – der erste Europas. Renovierte Räume mit alten Portalen und Decken, schönes Café.

EMPIK

Rynek Główny 23 | empik.com | Bus, Straßenbahn: Plac Wszystkich Świętych

SCHÖNER SCHMUCK

Das äußerst ansprechende Markenzeichen ist schwarz-weiß verzierter Silberschmuck zu bezahlbaren Preisen.

BLAZKO JEWELLERY

Ulica Józefa 11 | blazko.pl | Bus, Straßenbahn: Stradom

FÜR MITBRINGSEL

Die meisten der kleinen Souvenirs aus Glas, Keramik, Ton und Holz stammen von Krakauer Künstlern. Sehr interessant: die handbemalten Möbel.

GALERIA MEBLE

Ulica Grodzka 60 | facebook.com/galerianagrodzkiej | Straßenbahn: Wawel

COOLE KLAMOTTEN

Mode und Accessoires aus den 1960- bis 1990ern, sorgfältig ausgewählt. Hier findest du immer irgendwas mit Retro-Charme.

SITO VINTAGE SHOP

Świętego Sebastiana 33 | facebook.com/sito.shop.krakow | Bus, Straßenbahn: Starowiślna

GUT ZU WISSEN

KRAKOW CARD

Mit dieser Karte bekommst du Eintritt zu ca. 40 Museen, darunter Tuchhallen und Schindlerfabrik. Inklusive öffentlicher Verkehrsmittel gibt es sie für 1 Tag/29 Euro, 2 Tage/45 Euro, 3 Tage/50 Euro und ohne öffentliche Verkehrsmittel für 3 Tage/30 Euro.

Infos unter krakowcard.com

FAHRRAD LEIHEN

In Krakau gibt es insgesamt nur 30 km markierte Radfahrwege, dafür ist die Stadt aber schön flach. An der Weichsel entlang kann es auch mal etwas steiler werden. Leihfahrräder bekommst du z. B. hier:

KRK BIKE RENTAL
Fahrrad ab 10 Zł./Std., 60 Zł./Tag | Ulica św. Anny 4 | bike-rental.pl | Bus, Straßenbahn: Teatr Bagatela

DWA KOŁA
Fahrrad ab 7 Zł./Std., 50 Zł./24 Std. | Ulica Józefa 5 | dwakola.internetdsl.pl | Bus, Straßenbahn: Stradom

KIRCHENKONZERTE GRATIS

In vielen Kirchen finden gratis Klassikkonzerte statt. Über die Termine der Events informieren Plakate oder die Webseiten der Kirchen.

STADTFÜHRUNG

Wie viel du bei Cracow Free Tours bezahlen möchtest, bleibt dir überlassen: Die zweistündige Tour durch die Altstadt etwa, die an der Barbakane startet (Englisch oder Deutsch), kostet nur das Trinkgeld, ebenso der Ausflug nach Kazimierz. Einen Nachteil muss man meist in Kauf nehmen: Die Gruppen sind oft sehr groß.

CRACOW FREE TOURS
Treffpunkt: Barbakan | freewalkingtour.com | Bus, Straßenbahn: Stary Kleparz

TAXI

Taxi fahren ist ziemlich günstig. Im Zentrum gibt es mehrere Taxistände, ansonsten kannst du per Handy einen Wagen rufen. Üblich sind eingeschaltete Taxameter: Beim Einsteigen zeigt es meistens 9 Zł. an, dann kostet jeder Kilometer abhängig vom Tarif (Wochen-/Feiertag-, Tag-/Nachttarif) ab 2,99 Zł. Funktaxis z. B.

CAR
icartaxi.eu

MEGA TAXI
megataxi.pl

MUSEEN

In fast allen Museen kannst du an einem Tag in der Woche die Dauerausstellungen umsonst besuchen. Wie mittlerweile fast überall auf der Welt machst du es dir auch in Krakau leichter, wenn du Tickets vorab im Internet kaufst. Für alle Abteilungen des Nationalmuseums gilt die Website bilety.mnk.pl.

Infos unter krakowcard.com

WAS KOSTET WIE VIEL?

Bier ab 2,50 Euro
für 0,5 l im Restaurant

Cappuccino ab 2,25 Euro
für eine Tasse im Café

Pizza ab 6 Euro
im Restaurant

Club ab 5 Euro
für eine Person

Museum ab 2 Euro
für eine Person

La vie est belle

PARIS

Ob du vor allem die großen Sehenswürdigkeiten abhaken willst, Ausschau nach den schönsten Plätzen und den edelsten Läden hältst, in verwinkelten Gassen Alt-Pariser Charme suchst, durch angesagte Szeneviertel flanieren möchtest oder lieber Ecken fernab der ausgetretenen Pfade entdeckst – was du aus deinem Paris-Aufenthalt machst, liegt ganz bei dir. Doch damit deine Stadterkundung nicht zur Stresstour wird, solltest du Pausen einplanen. Perfekt zum Luftholen: Parks, Grünanlagen und die vielen Cafés. Wenn du weißt, wie, kannst du die Schöne an der Seine trotzdem zum Schnäppchenpreis erleben.

Blick vom Trocadéro auf den Eiffelturm

DIE BESTEN SEHENSWÜRDIGKEITEN

Das solltest du nicht verpassen! Auch wenn der eine oder andere Eintritt nicht immer den Geldbeutel schont, diese Sehenswürdigkeiten gehören zu Paris einfach dazu!

EIFFELTURM

Erst wenn du das Wahrzeichen der Stadt gesehen hat, bist du wirklich in Paris angekommen.

Aufzug/Treppe: 2. Etage 18,10/11,30 Euro, 3. Etage 28,30/21,50 Euro | 5, Av. Gustave Eiffel | toureiffel.paris | RER: Champ de Mars – Tour Eiffel

ARC DE TRIOMPHE

Vom zweiten Wahrzeichen der Stadt aus kannst du die Champs-Élysées und gleich elf weitere Avenuen überblicken.

Eintritt Nov.–März 1. So im Monat frei

Eintritt 13 Euro | paris-arc-de-triomphe.fr | Metro, RER: Charles de Gaulle-Étoile

MUSÉE D'ORSAY

Beeindruckende Werke der Impressionisten in einem glanzvollen Belle-Époque-Bahnhof.

Eintritt 1. So im Monat frei

Eintritt 16 Euro | 1, Rue de la Légion d'Honneur | musee-orsay.fr | RER: Musée d'Orsay

NOTRE-DAME

Die weltberühmte Kathedrale wurde bei einem Brand im Frühjahr 2019 schwer beschädigt. Bis 2024 soll sie wieder in altem Glanz erstrahlen.

Parvis Notre-Dame-Place Jean-Paul II | notredamedeparis.fr | Metro: Cité, St-Michel, RER: Saint-Michel – Notre Dame

PLACE DES VOSGES

Der bezaubernde alte Königsplatz liegt mitten im lebendigen Marais-Viertel.

Metro: Saint-Paul, Bastille

10 x Paris

MUSÉE DU LOUVRE

Im weitläufigsten Museum der Welt kannst du Wochen mit Schauen und Staunen verbringen.

Eintritt am 14. Juli (Nationalfeiertag) und 1. Fr Abend im Monat frei

Eintritt 15 Euro vor Ort, 17 Euro online | louvre.fr | Metro: Palais Royal – Musée du Louvre

JARDIN DU LUXEMBOURG

Der viel besungene Park im Herzen der Stadt lädt zum Entspannen während eines Spaziergangs ein.

RER: Luxembourg

ÎLE DE LA CITÉ

Die Seine-Insel mit ihren schicken Läden und Cafés verführt – wie die benachbarte Île Saint-Louis – zum Bummeln.

Metro: Cité

VERSAILLES

Ein Besuch beim Sonnenkönig ist ein Muss. Das riesige Schloss – nur eine halbe Stunde von Paris – ist von einem herrlichen Park umgeben, in dem du picknicken, Rad fahren und rudern kannst.

Eintritt Schlossgarten frei, Eintritt Schloss Nov.–März 1. So im Monat frei

Eintritt Schloss ab 19,50 Euro | chateau versailles.fr | RER: Versailles – Rive Gauche

MONTMARTRE

Die Metropole wird gekrönt von der blendend weißen Basilika Sacré-Cœur, die auf dem Hügel der Künstler steht.

Eintritt in die Kirche frei

35, Rue du Chevalier de la Barre | sacre-coeur-montmartre.com | Metro: Anvers

Die Seine mit Pont Neuf

MEHR ERLEBEN

Montmartre mit Sacré-Cœur

Egal wie lang du bleibst, dein Aufenthalt wird zu kurz sein. Die Stadt der Liebe und der Lichter zieht jeden in ihren Bann. Leider ist Paris auch eine der teuersten Städte der Welt, aber mit diesen Tipps kommst du gut über die Runden.

KUNST AUF DEM WASSER

Street-Art-Museum, Buchladen und Rooftop-Café – und das alles auf einem Boot auf der Seine, mitten in der Stadt. Im Erdgeschoss des Bootes finden Wechselausstellungen statt, auf den anderen Etagen findest du u. a. Werke von Banksy oder Invader. Kostenlose Führungen!

FLUCTUART

Eintritt frei | 2 port du Gros Caillou | fluctuart.fr | Metro, RER: Invalides

GROSSE KUNST

Unter den Exponaten moderner Kunst (Fernand Léger, Robert Delaunay, Pablo Picasso, Georges Braque, Amedeo Modigliani) kannst du u. a. „La Danse" von Henri Matisse bewundern.

MUSÉE D'ART MODERNE DE LA VILLE DE PARIS

Eintritt Dauerausstellung frei, Wechselausstellungen 5–12 Euro | 11, Av. du Président Wilson | mam.paris.fr | Metro: Iéna

IMMER DER NASE NACH

Schnuppern erlaubt – im Musée du Parfum der traditionsreichen Marke Fragonard aus dem südfranzösischen Grasse. Am Ende deines Rundgangs kannst du (musst du aber nicht!) im Verkaufsraum Parfum erstehen.

MUSÉE DU PARFUM FRAGONARD

Eintritt frei | 9, Rue Scribe | musee-parfum-paris.fragonard.com | Metro: Opéra

PARISERISCHE ATMOSPHÄRE

Lust auf ein Picknick? Dann am besten am Canal Saint-Martin. An dem mit Bäumen gesäumten Wasserlauf mit seinen urigen Brücken und Schleusen breiten die Pariser ihre Decken aus, um Baguettes, Käse, Pasteten und Quiches zu verspeisen. Dazu gibt es Cidre, Wein oder Bier. Im Intermarché Express (77, Rue du Faubourg du Temple) direkt an der Metrostation Goncourt kannst du dir ein kleines Picknick kaufen und dich dazugesellen.

Metro: Goncourt, Jaurès

Am Canal Saint-Martin

ORGELKONZERT FOR FREE

In einigen Kirchen werden regelmäßig kostenlose Konzerte angeboten. Wenn etwa der Klang der Orgel die Kirche Saint-Eustache neben dem Forum des Halles erfüllt, dann ist das ein echtes Erlebnis – optisch wie akustisch.

SAINT-EUSTACHE

Eintritt frei | 146, Rue Rambuteau | saint-eustache.org | Metro: Les Halles

SCHÖNE AUSSICHTEN

Kostenlose Alternativen zu Eiffelturm oder Triumphbogen: Einen herrlichen Blick auf die Stadt hast du z. B. vom Dach des Institut du Monde Arabe oder von der Dachterrasse der Galeries Lafayette.

DACHTERRASSE INSTITUT DU MONDE ARABE

Dachterrasse kostenlos, sonst Eintritt 10 Euro | 1, Rue des Fossés Saint-Bernard | imarabe.org | Metro: Jussieu

DACHTERRASSE GALERIES LAFAYETTE

40, Blvd. Haussmann | Metro: Opéra, RER: Auber | galerieslafayette.com

Streetfood à la française

ESSEN & TRINKEN

Ein Croissant zum Frühstück, mittags ein *jambon-beurre* (Baguette mit Butter und Schinken), ein paar Macarons für zwischendurch und abends ... na ja, vielleicht findest du ja hier etwas, das dir schmeckt.

REGIONAL & BIO

Simple Idee: **Insider-Tipp** Auf einem Biobauernhof nicht weit von Paris werden Obst und Gemüse angebaut. Die Ernte wird in diesem kleinen, hippen Restaurant verarbeitet und den Gästen aufgetischt. Ein Mittagsmenü bekommst du hier schon für knapp über 10 Euro.

MÛRE

6, Rue Saint Marc | mure-restaurant.com | Metro: Grands Boulevards

STREETFOOD

Guter und recht günstiger Streetfood-Markt. Eine kulinarische Reise vom Döner bis zur Sterneküche und du zahlst nie mehr als 10 Euro pro Gericht.

LE FOODMARKET

Ein Donnerstag im Monat 18–22.30 Uhr | Blvd. de Belleville zwischen Couronnes und Ménilmontant | lefoodmarket.fr | Metro: Couronnes Ménilmontant

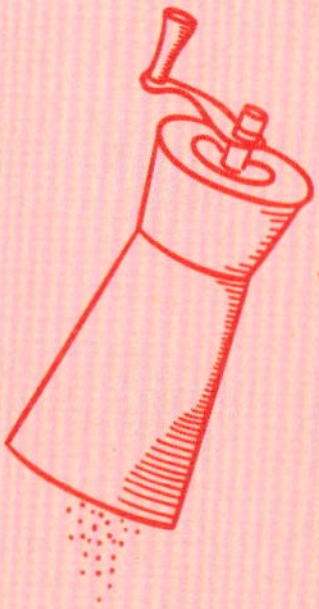

WUNDERMENÜ

Hier geht es laut und gesellig zu! Bodenständige französische Küche. Für 14 Euro bekommst du mittags, für 17 Euro abends Vor-, Haupt- und Nachspeise. Kein Wunder, dass der Laden immer voll ist.

AUX ARTISTES

63, Rue Falguière | auxartistes.fr | Metro: Pasteur

CAFÉ-SCHÄTZCHEN

Stadtteilkneipe im hippen Belleville mit vielen Stammgästen und DJ. In der Happy Hour (17–20 Uhr) kostet ein großes Bier nur 4,50 Euro, und spielt das Wetter mit, kannst du es auf der Terrasse trinken.

CAFÉ CHÉRI(E)
44, Blvd. de la Villette | facebook: @cafe.cherie | Metro: Belleville

MIT GARTEN

Café, Bar und Restaurant mit saisonaler Küche in einem ehemaligen Kloster neben der Gare de l'Est. Bei gutem Wetter sitzt du toll unter den Bäumen des Klostergartens.

CAFÉ A
148, Rue du Faubourg Saint-Martin | cafea.fr | Metro: Gare d l'Est

CHANSON-RESTAURANT

Zu zünftiger französischer Küche gibt's hier Chansons zum Mitsingen, und das seit über 30 Jahren. Du hast den Text nicht im Kopf? Nicht schlimm, es werden Textblätter ausgeteilt, dienstags steht Edith Piaf auf dem Programm.

LE VIEUX BELLEVILLE
12, Rue des Envierges | le-vieux-belleville.com | Metro: Pyrénées

GÜNSTIGER BIER TRINKEN

Über die App Mister Good Beer findest du auf einer interaktiven Karte Bars mit Bierpreisen zwischen knapp 3 und 8 Euro – inklusive der Angabe, ob Normal- oder Happy-Hour-Preis.

mistergoodbeer.com

Pariser Café

GÜNSTIGER KAFFEE TRINKEN

In jedem x-beliebigen Café in einem weniger touristischen Wohnviertel triffst du die echten Pariser und der Kaffee ist um einiges günstiger. **Insider-Tipp** Wenn du deinen Kaffee am Tresen trinkst, zahlst du übrigens vielerorts weniger.

SHOPPEN

Marché Barbès – afrikanischer Wochenmarkt

Es gibt riesige – wirklich riesige – Einkaufszentren, die du dir zumindest ansehen solltest, denn sie suchen ihresgleichen. Oder du wirst bei diesen Tipps fündig.

FÜR SCHNÄPPCHENJÄGER

Achte auf *degriffé*-Angebote: reduzierte Markenkleidung der vergangenen Saison, meist ohne Firmenetiketten. Viele solcher günstigen Läden gibt es in der Rue d'Alésia z. B. bei Zapa. Hier kaufst du bis zu 40 % unter Preis ein, im Schlussverkauf noch günstiger.

ZAPA
Rue d'Alésia 139 | zapa.fr | Metro: Alésia

AFRIKANISCH

Wochenmarkt mit vielen afrikanischen und orientalischen Spezialitäten. Niedrige Preise und bunter Trubel garantiert.

MARCHÉ BARBÈS
Blvd. de la Chapelle | Metro: Barbès-Rochechouart

KUNST ... PREISWERT!

Paris gilt als die Stadt der Kunst. Warum nicht mal ein Original als Mitbringsel erwerben? Hier gibt es Gemälde, Fotos und Grafiken unter 30 Euro!

ART GÉNÉRATION
67, Rue de la Verrerie | artgeneration.fr | Metro: Hôtel de Ville

SECONDHANDMODE

In fünf Shops bekommst du gut erhaltene Markenkleidung, Haute Couture und Antiquitäten, durch die du dich erst einmal durchackern musst!

CHERCHEMINIPPES
102–114, Rue du Cherche-Midi | chercheminippes.com | Metro: Vaneau

FLOHMARKT

Der sehr schöne Marché d'Aligre ist der älteste Pariser Flohmarkt. Die Angebote hier sind relativ preiswert und es werden auch Lebensmittel verkauft.

MARCHÉ D'ALIGRE
Di–So vormittags | 1e, Place d'Aligre | Metro: Ledru-Rollin

GUT ZU WISSEN

MUSEEN

In vielen Museen ist am 1. Sonntag im Monat freier Eintritt, z. B. im Centre Pompidou. Auch einige Sehenswürdigkeiten können ganzjährig kostenlos besichtigt werden. Für Schüler, Studenten und Senioren gibt es fast überall Ermäßigungen. Alle EU-Bürger unter 26 Jahren haben freien Eintritt in sämtliche nationalen Museen (*musées nationaux*) der Stadt.

Infos unter parisjetaime.com oder auf den Websites der Museen

STADTRUNDFAHRT

Wenn du Zeit hast und etwas von der Stadt sehen willst, dann sind Bus und Tram perfekt. Besonders zu empfehlen sind die Buslinien 73 (Arc de Triomphe, Champs-Élysées, Place de la Concorde, Musée d'Orsay) und 21 (Opéra Garnier, Palais Royal, Louvre, Île de la Cité, St-Michel, Jardin du Luxembourg). Eine kleine Stadtrundfahrt kostet auf diese Weise gerade mal 2,10 Euro!

Infos unter ratp.fr

FAHRRAD LEIHEN

An Stationen des öffentlichen Fahrradverleihsystems Vélib' bekommst du neben normalen Fahrrädern auch E-Bikes (in Blau). Ein 24-Stunden-Abo gibt es für 5 Euro. Anschließend ist die erste halbe Stunde auf einem normalen Fahrrad gratis, jede weitere halbe Stunde kostet 1 Euro. Für ein E-Bike kosten die ersten 45 Minuten 2 Euro und dann jede weitere halbe Stunde ebenfalls 2 Euro.

Infos unter velib-metropole.fr

KARTENVORVERKAUF

Konzert- und Theaterkarten zu ermäßigten Preisen gibt es auf dieser Website in der Rubrik „Réductions". Besser geht's nicht? Doch! In der Rubrik „Invitations" kannst du für ausgewählte Veranstaltungen Freikarten herunterladen.

Infos unter billetreduc.com

PARIS PASS

Mit einer Karte für zwei Tage (104 Euro) bzw. drei Tage (129 Euro) hast du freien Eintritt in diverse Pariser Attraktionen. Im Vier-Tage-Pass (199 Euro) und im Sechs-Tage-Pass (229 Euro) ist ein Museum Pass enthalten, mit dem du in rund 50 Pariser Museen kostenlos gehen kannst. Außerdem ist bei allen Karten eine eintägige Big Bus Hop-On Hop-Off Tour dabei. Für die Metro und andere öffentliche Verkehrsmittel gilt die Karte allerdings nicht. Onlinebuchung oft günstiger.

Infos unter parispass.com

WAS KOSTET WIE VIEL?

Kaffee 2,50 Euro
für einen Espresso

Snack 3–8 Euro
für ein Sandwich mit Schinken

Wein 4,50–20 Euro
für ein Glas Tafelwein

Souvenir 18,50 Euro
für 6 Macarons von Ladurée

Taxi 9 Euro
für eine Kurzfahrt von ca. 4 km

Mia
san mia

MÜNCHEN

Grüß Gott und servus! Heute schon gehört? Na, dann bist du ja schon mal gut angekommen in der bayerischen Metropole und sprachlich südlich gepolt. Jetzt heißt es Augen aufmachen und Münchens junge, innovative, subkulturelle Seiten genauso entdecken wie klassische, traditionsreiche Orte. Lass dich nach Lust und Laune treiben, genieße die Sonne im Englischen Garten, feier in den Bars und Clubs mitten im Zentrum oder im Schlachthofviertel. Mit vielen Ideen, wie du eine der schönsten – und teuersten – Städte Deutschlands günstig erleben kannst.

Isarsurfer an der Floßlände, Thalkirchen

DIE BESTEN SEHENSWÜRDIGKEITEN

Das solltest du nicht verpassen! Auch wenn der eine oder andere Eintritt nicht immer den Geldbeutel schont, diese Sehenswürdigkeiten gehören zu München einfach dazu!

FRAUENKIRCHE

Das gotische Wahrzeichen der Bayernmetropole, nach dem Krieg aufwendig und geschmackvoll renoviert.

Eintritt frei

Frauenplatz 1 | muenchner-dom.de | U-/S-Bahn: Marienplatz

RESIDENZ

Im königlichen Bau und im dazugehörigen Residenzmuseum sind Pracht und Reichtum der Wittelsbacher allgegenwärtig.

Eintritt 7 Euro | Residenzstr. 1a | residenzmuenchen.de | U-/S-Bahn: Marienplatz, Tram: Nationaltheater

ENGLISCHER GARTEN

Kilometerlange grüne Lunge der Stadt, die mit dem Eisbach auch die weltweit einzige Surferwelle mitten in der City zu bieten hat.

U-Bahn: Giselastr. oder Universität, Tram: Haus der Kunst

VIKTUALIENMARKT

Kulinarisches Herz der Stadt. Hier erlebst du die viel beschworene Münchner Gemütlichkeit hautnah.

U-/S-Bahn: Marienplatz

KUNSTAREAL MÜNCHEN

Architektonisch und kunsthistorisch herausragend: der Königsplatz, die Pinakotheken und das Museum Brandhorst.

Eintritt ab 7 Euro, So Eintritt 1 Euro | U-Bahn: Königsplatz oder Theresienstraße, Tram: Pinakothek

10 x München

DEUTSCHES MUSEUM

Eins der größten technisch-naturwissenschaftlichen Museen der Welt. Kinder wie Eltern vergessen hier schnell die Zeit.

€ Kostenlose Museums-App zum Download

Eintritt 15 Euro | Museumsinsel 1 | deutsches-museum.de | S-Bahn: Isartor, Tram: Deutsches Museum

ALLIANZ-ARENA

Zur Fußball-WM 2006 erbaut, auch heute noch das schönste Schlauchboot der Stadt.

Eintritt 12 Euro | Werner-Heisenberg-Allee 25 | allianz-arena.de | U-Bahn: Fröttmaning

NEUES RATHAUS

Das neugotische Prunkstück ist gar nicht so alt, wie es aussieht, es wurde erst 1905 fertiggestellt.

Marienplatz | U-/S-Bahn: Marienplatz

BMW-WELT/BMW-MUSEUM

Ein Muss für Autoliebhaber: das Erlebniszentrum und die Fahrzeugsammlung der Bayerischen Motorenwerke.

€ Eintritt in die BMW-Welt frei

BMW-Welt: Eintritt frei | Lerchenauer Str. 57 | BMW-Museum: Eintritt 10 Euro | Am Olympiapark 2 | bmw-welt.com | U-Bahn, Bus: Olympiazentrum

OLYMPIATURM

Pflichttermin bei schönem Wetter. Oben angekommen, schaust du bis zu den Alpen und siehst, warum München den Beinamen „Millionendorf" trägt.

Eintritt 13 Euro | Olympiapark | Spiridon-Louis-Ring 7 | olympiapark.de | U-Bahn, Bus: Olympiazentrum

Marienplatz mit Mariensäule, Neuem Rathaus und Frauenkirche

Sommerliches Highlife am Gärtnerplatz

MEHR ERLEBEN

Über München kursieren viele Vorurteile, aber ist man erst mal da, beginnt man die Stadt zu lieben: lebendig, weltoffen, jung und mit jeder Menge Kultur, die nicht viel kosten muss.

GESTRANDET

Ein ausrangiertes Schiff mitten auf einer Brücke? Ganz genau. Die Alte Utting ist das Wahrzeichen Sendlings und ein lässiges Fotomotiv. Ein willkommener Hafen für die Subkultur zum Trinken, Essen, Quatschen und Musikgenießen. Neben Livekonzerten fahren die Macher auch ein sehenswertes Kulturprogramm auf.

ALTE UTTING €

Eintritt frei | Lagerhausstr. 15 | alte-utting.de | Bus: Lagerhausstraße

UMSONST & DRAUSSEN

Events im Juli und August auf der Open-Air-Bühne am Olympiasee – und zwar umsonst! Über 50 Konzerte, ein Dutzend Kurzfilme und die wunderbare Kulisse des Amphitheaters am Olympiasee ziehen jedes Jahr bis zu 100 000 Zuschauer an.

THEATRON MUSIKSOMMER €

Eintritt frei | Juli/August | Olympiapark, Spiridon-Louis-Ring 21| www.theatron.de | U-Bahn: Olympiapark

DIE STADT VON OBEN

Der „Alte Peter", so der Volksmund, fordert einem alles ab, wenn man die 306 Treppenstufen erklimmt. Der Turmausblick ist jedenfalls traumhaft und entschädigt für die vergossenen Schweißperlen.

TURM ALTER PETER

Eintritt 5 Euro | Rindermarkt 1 | alterpeter.de | U-/S-Bahn: Marienplatz

Für laue Sommerabende

PIAZZA-LEBEN

Ihrem Ruf als Bewohner der „nördlichsten Stadt Italiens" machen die Münchner alle Ehre und bevölkern an lauen Sommerabenden die zentralen Plätze ihrer Wohnviertel zum Flanieren, Plauschen und Relaxen. Südländisch-lebhaft geht's vor allem auf und um den Gärtnerplatz zu. Hol dir stilgerecht eine Pizza in der Pizzeria Monaco (Reichenbachstr. 10, pizzeriamonaco.de) auf die Hand, setz dich dazu und genieße.

GÄRTNERPLATZ
Tram: Reichenbachplatz

AUGENSCHMAUS

Die 200 000 m² große Anlage des Botanischen Gartens gilt als einer der schönsten Pflanzengärten Europas, und zwar das ganze Jahr über. Ein Eldorado für Fotografen und Botaniker – und natürlich für jeden Pflanzenfreund. Eine Pause im Grünen und einen traumhaften Blick auf den Rosengarten ermöglicht die Sonnenterrasse des Café Botanischer Garten, das im Herzen der Anlage liegt.

BOTANISCHER GARTEN
Eintritt 5,50 Euro | Menzinger Str. 65 | botmuc.de | Tram, Bus: Botanischer Garten

NEUES STADTQUARTIER

Auf den Trümmern eines alten Industrieareals thront quasi ein neuer Stadtteil mit ordentlich Leben. Hier wird gearbeitet, gewohnt und vor allem genossen: Das geht im kunterbunten Container Collective mit individuellen Lädchen, einer Minidestillerie (Cosmic Spirits) und guter Streetfood-Versorgung. Dazu gibt's neben Open-Air-Events grasende Schafe auf dem begrünten Dach des Werk 3 zu bewundern, Popkonzerte in der Tonhalle und im Technikum sowie Musicals im Werk 7.

WERKSVIERTEL
Eintritt frei bzw. je nach Veranstaltung | werksviertel-mitte.de | U-/S-Bahn: Ostbahnhof

Kakteenhaus, Botanischer Garten

ESSEN & TRINKEN

Biergarten auf dem Viktualienmarkt

„Bayerisch" ist wahrscheinlich die einzige deutsche Küche, die international bekannt ist. Also ran an die Haxe und den Knödel! Ansonsten essen die Münchnerinnen und Münchner auch leidenschaftlich gern italienisch. Getrunken wird vor allem ... na was wohl?

BAR VOM ANDEREN STERN

Kleines Lokal mit Retro-Charme über zwei Etagen, im Sommer sitzt man schön im Innenhof. Tagsüber Café mit Frühstück, Kaffee und Kuchen, abends Bar mit günstigen Drinks und Snacks. Am Wochenende bis spät in die Nacht geöffnet, sodass man hier immer noch einen Absacker bekommt.

CAFÉ KOSMOS
Dachauer Str. 7 | cafe-kosmos.de | U-/S-Bahn: Hauptbahnhof, Tram: Hauptbahnhof Nord

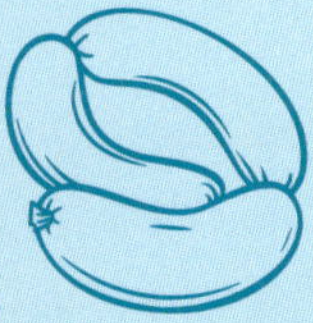

TRADITION SEIT 1903

Gutbürgerliche bayerische Küche bis spätnachts im Univiertel. In der geselligen Traditionswirtschaft gibt es günstige Gerichte in großen Portionen zu fairen Preisen.

ALTER SIMPL
Türkenstr. 57 | eggerlokale.de | Tram: Schellingstraße

WAS FÜR EIN BIER!

In den ehemaligen Stallungen, wo sich früher die Brauereirösser ausruhten, fließt heute ein äußerst süffiges Helles. Der Preis – 3,55 Euro für die Halbe – ist fast unschlagbar. Kein Wunder, liegt das Wirtshaus doch auf dem Brauereigelände.

AUGUSTINER BRÄUSTUBEN
Landsberger Str. 19 | braeustuben.de | S-Bahn: Hackerbrücke, Tram: Holzapfelstr.

COOL & GECHILLT

Relaxtes Szene-Wohnzimmer mit Retro-Tapeten, Bistrotischen, italienischem Flair, schmalen Preisen und kleiner Speisenauswahl: Frühstück, Kuchen, italienische Focaccia- und Panini-Variationen zwischen 5,50 und 10 Euro – das war's auch schon im Großen und Ganzen. Sympathisches Team und entspannte Gäste.

PAULO E PINI
Klenzestr. 45 | cafepini.de | U-Bahn: Fraunhoferstraße

CHINA-GÜNSTIG

Der kleine Schnellküchenmeister aus Fernost hat in München einige Filialen, in denen es sich günstig, gut und flink speisen lässt, von Nasigoreng bis zur Kanton-Ente. Preislich liegen die meisten Hauptgerichte zwischen 6 und 8 Euro. Mittags gelten zudem noch etwas günstigere Preise.

DER KLEINE CHINESE
Fraunhoferstr. 35 | der-kleine-chinese.de | U-Bahn, Tram: Fraunhoferstr.

7000 PLÄTZE

Bayerns größter Biergarten mit Bier aus dem Holzfass. Das Damwildgehege ist ein wahrer Hotspot für Kids, da schmeckt nebendran, außerhalb des Geheges, die Mass entspannter.

KÖNIGLICHER HIRSCHGARTEN
Hirschgarten 1 | hirschgarten.de | Tram: Steubenplatz, Bus: Hirschgartenallee, S-Bahn: Hirschgarten, Laim

MIT LOKALKOLORIT

Für Kenner der bayerischen Küche. Hier speisen normalerweise die Arbeiter aus der namensgebenden Großmarkthalle, weswegen das Lokal schon um 7 Uhr öffnet und um 17 Uhr (Sa 13 Uhr) wieder dichtmacht. Zu essen gibt es die besten Münchner Weißwürste und einen himmlischen Schweinsbraten.

GASTSTÄTTE GROSSMARKTHALLE
Kochelseestr. 13 | gaststätte-grossmarkthalle.de | U-Bahn: Implerstraße, Bus: Gotzinger Platz

Panini und Piadina mit Prosciutto

SHOPPEN

Badeente auf Bayerisch

In der Fußgängerzone tummelt sich alles, was Rang und Namen hat. Nette kleine Läden findest du rund um den Gärtnerplatz, in Haidhausen und der Maxvorstadt. Die exklusive Maximilianstraße kommt eher für Windowshopping infrage.

PREISWERT-SCHECK

In der Einkaufspassage im Ostbahnhof findest du Outdoorbekleidung und Schuhe, Auslaufmodelle und Restposten deutlich reduziert.

SPORT SCHECK HOTSPOT
Orleansplatz 11 | sportscheck.com | U-/S-Bahn: Ostbahnhof

ALLES OUTLET

Outlet-Shopping vor den Toren der Stadt: Gut 15 bekannte Markennamen unter einem Dach, darunter Puma und Nike! Und das Beste: Eine Ersparnis von 40 % gegenüber dem Normalpreis ist keine Seltenheit.

PARSDORF CITY OUTLETS & MORE
Heimstettener Str. 1, Parsdorf | parsdorf city.de

TOURISTENBEDARF

Der lässigste, bayerischste Souvenirladen der Stadt ist das reinste Geschenkparadies: Brezel-Schlüsselanhänger aus Filz, ein Münchner-Kindl-Shirt fürs Kind, ein Hirschgeweih-Flaschenöffner oder doch die Badeente in Tracht?

SERVUS HEIMAT
St.-Jakobs-Platz 1 | servusheimat.de| U-/S-Bahn: Marienplatz

SECONDHAND

Die Institution für Vintage-Klamotten von den Fifties bis zu den Eighties in München. Mit etwas Glück findest du auch Schnäppchen von Dior, Chanel oder Yves St. Laurent.

ALEXAS
Utzschneiderstr. 10 | alexas.de | U-/S-Bahn: Marienplatz

GUT ZU WISSEN

PICKNICK IM BIERGARTEN

In „richtigen" Biergärten mit Selbstbedienungsbereich darfst du deine eigene Brotzeit mitbringen, nur die Getränke musst du am Ausschank kaufen. Aber aufgepasst: Nicht jeder Biergarten, der sich so bezeichnet, ist auch einer. Manch einer ist dann doch ein ganz normaler Wirtsgarten mit Bedienung am Tisch.

MUSEEN

Viele Münchner Museen kosten sonntags nur 1 Euro Eintritt, darunter alle Pinakotheken und die Sammlung Brandhorst (pinakothek.de), das Bayerische Nationalmuseum (bayerischesnationalmuseum.de) und das Museum Mensch und Natur (Schloss Nymphenburg, musmn.de).

Unter museen-in-muenchen.de findest du außerdem viele Sparangebote zu diversen Ausstellungen.

STADTFÜHRUNG

2,5-stündige Tour durch die Münchner Altstadt – for free and in English. Den Guides gibt man am Ende ein Trinkgeld.

SANDEMAN'S NEW EUROPE TOUR
Treffpunkt: Mariensäule auf dem Marienplatz | newmunichtours.com | U-/S-Bahn: Marienplatz

ÖPNV-STADTRUNDFAHRT

Die Buslinie 100, bekannt auch als Museumslinie, führt vom Hauptbahnhof über den Königsplatz, vorbei an den Pinakotheken zum Odeonsplatz, zum Haus der Kunst über die Isar am Friedensengel und am Prinzregententheater vorbei bis zum Ostbahnhof – eine geballte Ladung Sehenswürdigkeiten.

Ticket 3,70 Euro | Infos unter mvg.de

CITY TOUR CARD

Mit der Card bekommst du einen Fahrschein für die öffentlichen Verkehrsmittel im Stadtgebiet sowie Rabatte für über 80 touristische Attraktionen in München und Umgebung. Es gibt sie zwischen 24 Std. (15,50 Euro) und 6 Tagen (45,50 Euro).

Infos unter citytourcard-muenchen.com

FAHRRAD LEIHEN

Um ein Fahrrad bei einer sogenannten MVG-Rad-Station, meist direkt an einer U- oder S-Bahnstation gelegen, auszuleihen, musst du dich registrieren (mvg.de). Auch bei Call a Bike (callabike-interaktiv.de/de) musst du dich registrieren, bevor du eins der 2000 in der ganzen Stadt verteilten Räder leihen kannst. Der Grundpreis beträgt 8 Cent/Min., maximal 15 Euro pro Tag. „Ganz normal" mieten kannst du dir ein Fahrrad bei Radius Touristik im Hauptbahnhof gegenüber Gleis 32.

RADIUS TOURISTIK
Treffpunkt: Mariensäule auf dem Marienplatz | 5 Euro/Std., 18 Euro/Tag | Arnulfstr. 3 | radiustours.com | U-/S-Bahn, Tram, Bus: Hauptbahnhof

WAS KOSTET WIE VIEL?

Kaffee 2,50–3,50 Euro
für eine Tasse

Bier 3,40–5,80 Euro
für eine Halbe

Dirndl ab 120 Euro
inkl. Schürze und Bluse

Essen ab 7 Euro
für ein Mittagessen

Kinokarte ab 8 Euro
je nach Tag und Kino

Bist du deppert?

WIEN

Ja, Wien durchweht noch immer ein Hauch der Habsburger-Dynastie, wie die Prunkbauten von Universität, Burgtheater und Oper demonstrieren. Dennoch hat sich die Stadt in den vergangenen Jahrzehnten aus ihrer k.u.k. Glasglocke getraut und sich zu einer pulsierenden, jungen, internationalen Metropole entwickelt. Wie lebendig die Stadt ist, wird unübersehbar, wenn die Temperaturen steigen und die Wiener zu den Szenelokalen und Strandbars entlang des Donaukanals ziehen oder jeden freien Fleck auf Wiesen und Parks bevölkern. Wo du das alles budgetschonend erlebst – finde es heraus!

Innenhof des MuseumsQuartiers

DIE BESTEN SEHENSWÜRDIGKEITEN

Das solltest du nicht verpassen! Auch wenn der eine oder andere Eintritt nicht immer den Geldbeutel schont, diese Sehenswürdigkeiten gehören zu Wien einfach dazu!

HOFBURG

Früher Habsburger-Residenz, heute Arbeitsplatz des Präsidenten und Sitz zahlreicher Museen sowie der Nationalbibliothek.

Eintritt s. Webseite | Heldenplatz | hofburg-wien.at | Straßenbahn, Bus: Burgring, U-Bahn: Karlsplatz

BURGTHEATER

Klassische und provokante Inszenierungen auf einer der bedeutendsten Bühnen Europas. Die „Burg“ gilt als Österreichs Nationaltheater.

Universitätsring 2 | burgtheater.at | Straßenbahn, U-Bahn: Herrengasse

MUSEUMSQUARTIER

Moderne Kunst, Egon Schiele – oder einfach nur entspannen? Alles möglich im riesigen Kulturareal MQ.

Eintritt s. Webseite | Museumsplatz 1 | mqw.at | Straßenbahn, Bus, U-Bahn: Volkstheater oder MuseumsQuartier

SCHLOSS SCHÖNBRUNN

Barocke Pracht: Die prunkvollen Räume der ehemaligen Sommerresidenz von Maria Theresia und der weitläufige, wunderschöne Schlosspark sind Weltkulturerbe.

Eintritt in den Schlosspark frei, außerdem kostenlose Schönbrunn-App inkl. Audioguide

Eintritt Schloss ab 20 Euro, Kombiticket 34 Euro | Schönbrunner Schlossstr. | schoenbrunn.at | Straßenbahn, Bus, U-Bahn: Hietzing oder Schönbrunn

10 x Wien

KUNSTHISTORISCHES MUSEUM

Im KHM kannst du eine der wertvollsten Kunstsammlungen weltweit bewundern, von Bruegel-Gemälden bis Goldschmiedearbeiten.

Eintritt 21 Euro | Maria-Theresien-Platz | khm.at | Straßenbahn, Bus: Museumsquartier, U-Bahn: Volkstheater

BELVEDERE

Sich wie ein Prinz fühlen? Kein Problem in der barocken, auf einem Hügel errichteten Schlossanlage, die auch Kunstgalerien beherbergt.

Kombiticket Oberes und Unteres Belvedere 26,30 Euro | Prinz-Eugen-Str. 27 | belvedere.at | Straßenbahn: Schloss Belvedere oder Unteres Belvedere

PRATER

Hier dreht nicht nur das Riesenrad seine Runden. Der Prater ist auch eine riesige Grünfläche, die Hauptallee mehr als 4 km lang! € Eintritt aufs Gelände frei

Fahrgeschäfte ab 3,50 Euro | prater.at | Straßenbahn, S-Bahn: Praterstern

GLACIS BEISL

Eines der besten Schnitzel serviert dieses zentral, aber doch versteckt gelegene Wirtshaus. Der Gastgarten ist perfekt, um der Sommerhitze zu entfliehen.

Museumsplatz 1 | glacisbeisl.at | U-Bahn: Volkstheater

NASCHMARKT

Schlendere über Wiens schönsten Lebensmittelmarkt und nasche ein paar Delikatessen, die dir Händler lautstark anbieten.

Wienzeile zwischen Kettenbrückengasse und Karlsplatz | U-Bahn: Karlsplatz oder Kettenbrückengasse

STEPHANSDOM

Der „Steffl" ist das Wahrzeichen Wiens. Wenn du durch die historische Innenstadt streifst, siehst du ihn im Zentrum emporragen.

Eintritt ab 6 Euro | Stephansplatz 3 | stephanskirche.at | U-Bahn: Stephansplatz

Wurstelprater mit Riesenrad und Kettenkarussell

MEHR ERLEBEN

Müllverbrennungsanlage Spittelau

„Wien hat lauter Wahrzeichen und jeder Wiener fühlt sich als solches." Dieses Zitat von Karl Kraus sagt viel über die Wiener Seele. Ein paar Wahrzeichen, die nicht unbedingt viel kosten, haben wir hier für dich zusammengesucht.

AB AUF DIE INSEL

Die Donauinsel ist eins der beliebtesten Naherholungsgebiete der Wiener: Hier wird gegrillt, gesportelt und (nackt) geschwommen. Zwischen Neuer und Alter Donau, ein Stück westlich der Uno-City, ragt der 252 m hohe Donauturm (donauturm.at, Eintritt Aussichtsplattform 18 Euro) in den Himmel. Von seinem Drehrestaurant (Eintritt frei) aus hast du einen super Blick über Wien.

DONAUINSEL
U-Bahn, Straßenbahn, Bus: Donauturm, Donauinsel, Handelskai, Neue Donau

Das gibt es nur in Wien

3 x HUNDERTWASSER

Auf und am Hundertwasser-Wohnhaus wachsen Büsche und Bäume, Wände und Böden sind krumm, die Fassaden kunterbunt bemalt. Hineingehen kannst du eher selten, Hundertwassers Toilet of Modern Art in der Einkaufspassage Kalke Village kannst du aber besichtigen. Und: An der U-Bahn-Station Spittelau steht eine vom Künstler entworfene Müllverbrennungsanlage.

HUNDERTWASSERHAUS & TOILET OF MODERN ART €
Kegelgasse 34–38 bzw. 37–39 | Straßenbahn: Hetzgasse

MÜLLVERBRENNUNGSANLAGE €
Spittelauer Lände 45 | U-Bahn, Bus: Spittelau

BEL(I)EBTER FRIEDHOF

Über 3 Mio. Menschen haben auf dem 2,4 km^2 großen Friedhof seit seiner Eröffnung 1874 ihre letzte Ruhe gefunden. Einen genauen Friedhofsplan bekommst du am Haupttor. **Insider-Tipp** Auf dem dicht bewachsenen jüdischen Friedhof mit seinen teils mehr als 100 Jahre alten Gräbern siehst du manchmal Wildtiere.

ZENTRALFRIEDHOF

Eintritt frei | Simmeringer Hauptstr. 232–244 | Straßenbahn: Zentralfriedhof 2. Tor

Alte Donau

BOOTSTOUR

Vom Wasser aus bekommst du noch mal einen anderen Blick auf die Stadt – und hast die eindrucksvolle Hochhauskulisse des „Neuen Wien" mit dem alles überragenden, 250 m hohen DC Tower vor Augen. Boote mietest du rund um die U-Bahn-Station Alte Donau direkt am Ufer.

KUKIS BOOTE

Boote ab 20 Euro, ab 3 Stunden bekommst du Rabatt | Wagramer Str. 48 D | kukla.at | U-Bahn, Bus: Alte Donau

OPENAIR DER SUPERLATIVE

Drei Tage lang wird bei Musik, Sport und Kabarett gefeiert. Wach bleiben lohnt sich: Bei Europas größtem Open-Air-Musikfestival ist der Eintritt frei.

DONAUINSELFEST

Eintritt frei | Mitte/Ende Juni | donauinselfest.at | U-Bahn, Straßenbahn, Bus: Donauturm, Donauinsel, Handelskai oder Neue Donau

KLEINKUNST

Kleinbühne, auf der viele Kabarettisten ihre ersten Erfolge feierten, aber auch Stars noch gern auftreten.

NIEDERMAIR

Eintritt ab 14 Euro | Lenaugasse 1A | niedermair.at | Straßenbahn, U-Bahn: Rathaus

Kaffeehaus Vollpension

ESSEN & TRINKEN

Wiener Schnitzel, Wiener Würstl (die hier Frankfurter heißen), Sachertorte, Apfelstrudel oder doch lieber Schawarma und Chicken Curry? In der österreichischen Hauptstadt ist garantiert für jeden was dabei und vieles hat Stil.

WURSTTEMPEL

Stilvoller Würstel essen als „beim Bitzinger", der auch Champagner und exotische Biere zur Wurst anbietet (und, weiterer Pluspunkt, nahezu durchgehend geöffnet hat), geht in Wien kaum.

BITZINGER

An der Albertina oder im Wiener Prater | bitzinger-wien.at | Bus, Straßenbahn: Karlsplatz oder Praterstern

MIT SOZIAL-ENGAGEMENT

Im freundlich-ungezwungenen Lokal trifft sich ein bunt gemischtes Publikum. Spezialitäten sind die vegetarischen Menüs und das günstige Mittagsmenü.

INIGO

Bäckerstr. 18| inigo.at | U-Bahn: Stubentor

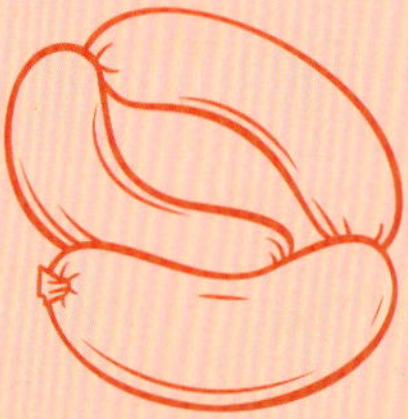

ZUM HEURIGEN

Speisen und Getränke zu moderaten Preisen inmitten von Weingärten mit traumhaftem Wien-Panorama.

SIRBU

Kahlenberger Str. 210| sirbu.at | Bus: Armbrustergasse, dann zu Fuß (längerer Anstieg) oder per Taxi

ORIENTAL FOOD

Falafel? Die Antwort ist Maschu Maschu. Schmackhafte orientalische Küche, mittags kannst du ein günstiges Menü ordern.

MASCHU MASCHU

Rabensteig 8 | maschu-maschu.at | U-Bahn: Schwedenplatz

WAS IST EIN BEISL?

Mitten in der Altstadt und doch versteckt gelegen: Das Kolar Beisl serviert herrlich deftige Fladenbrote aus dem Holzofengrill, etwa mit Quark, Eiaufstrich oder Sauerrahm, Schinken und Champignons.

KOLAR BEISL
Kleeblattgasse 5 | kolarbeisl.at | Bus: Brandstätte, U-Bahn: Stephansplatz

Unbedingt reinschauen!

OLDIE-POWER!

Was einmal als Pop-up-Projekt begonnen hat, ist mittlerweile ein hippes Lokal geworden. Nicht weniger als die besten Mehlspeisen zwischen Wien und Tokio verspricht die Vollpension. Dafür sorgen Rentner, die in der Küche und am Tresen stehen. Wenn du dich für ein „Vollpension-Paket" entschieden hast, kannst du innerhalb eines vorgegebenen Zeitraums zum Kuchen so viel Kaffee trinken, wie du magst.

VOLLPENSION
Schleifmühlgasse 16 | vollpension.wien | U-Bahn: Karlsplatz

ESSEN FÜR ALLE

Hier bestimmt der Gast den Preis für die täglich wechselnden, fruchtig-würzigen indisch-pakistanischen Eintöpfe. **Insider-Tipp** Aber nicht zu kräftig zulangen, denn es muss Platz im Magen bleiben für die herrliche, mit Kardamom verfeinerte Nachspeise Suji Halwa.

DER WIENER DEEWAN
Liechtensteinstr. 10 | deewan.at | Straßenbahn, U-Bahn: Schottentor

Kaffee mit Stil und Apfelstrudel

ECHTES ORIGINAL

Winziges, sehr originelles Ecklokal in herrlich nostalgischem Resopal-Kunstleder-Retro-Stil. Serviert werden klassische Imbisse wie Toast, Frankfurter sowie Schinkenbrot mit Gurkerl und frischem Kren (Meerrettich), außerdem gibt es hausgemachte, immer frische Topfen-, Mohn- und Apfelstrudel.

ESPRESSO HOBBY
Währinger Straße 9 | espressohobby.at | U-Bahn: Schottentor

SHOPPEN

Fußgängerzone Graben

Wien ist eine super Einkaufsstadt, in jeder Hinsicht. In der Mariahilfer und Kärtner Straße findest du die Läden der internationalen Ketten und drum herum viele kleine Läden mit ausgefallenen Angeboten.

LAUTER NETTE SACHEN

Ausgefallene Souvenirs und Nippes von Filzbörsen über Kunstkarten bis hin zu brasilianischem Schmuck. Salonatmosphäre. Mit angeschlossenem Streetcafé.

ANNA STEIN
Kettenbrückengasse 21 | facebook.com/AnnaSteinSalon | U-Bahn: Kettenbrückengasse

RAN AN DIE WAFFEL

Krosse Waffeln, kleine Preise. Ab Werk bietet der Süßwarenhersteller Manner nicht nur Saisonartikel supergünstig, sondern auch Bruchware verschiedenster Sorten.

MANNER WERKSVERKAUF
Wilhelminenstr. 6 | manner.com | Tram: Wilhelminenstr.

(NICHT NUR) FÜR NOTFÄLLE

Bestens erhaltene Vintage-Mode und Kaschmirpullover für wenig Geld. **Insider-Tipp** Sonnenbrille oder Handschuhe verloren? Der Vintage-Verkaufsautomat vor dem Geschäft hilft rund um die Uhr bei Notfällen. Nimm fünf Ein-Euro-Stücke mit!

POLYKLAMOTT
Mollardgasse 13 | polyklamott.at | U-Bahn: Kettenbrückengasse

OUTLET

Eine gute Stunde fährst du schon mit dem Zug vom Hauptbahnhof – dafür bekommst du in rund 160 Shops Ware bekannter Marken aus der vergangenen Saison, Überproduktion oder Restposten für bis zu 70 % günstiger.

DESIGNER OUTLET PARNDORF
Designer Outlet Str. 1, Parndorf | mcarthurglen.com | Zug ab Wien Hbf bis Parndorf Ort, dann zu Fuß oder mit dem Bus

GUT ZU WISSEN

VIENNA CITY CARD

Die Vienna City Card berechtigt 24, 48 bzw. 72 Stunden (17, 25 bzw. 29 Euro) lang zur unbeschränkten Nutzung aller öffentlichen Verkehrsmittel (Achtung: nicht für die Ringtram!) innerhalb der Stadtgrenzen. Dazu kommen Ermäßigungen in den meisten Museen und Sehenswürdigkeiten. Für die kostenlose Nutzung aller Verkehrsmittel über die Stadtgrenzen hinaus (z. B. Transfer zum Flughafen) oder eine Hop-on-Hop-off-Bustour musst du einen Aufschlag zahlen.

Infos unter wien.info/de/reiseinfos/vienna-city-card

FAHRRAD LEIHEN

An über 200 Stationen von WienMobil zahlst du für ein Fahrrad, nachdem du dich registriert hast, im Standard-Tarif 0,60 Euro pro 30 Minuten und maximal 14,90 Euro für 24 Stunden.

Infos unter wienerlinien.at/wienmobil/rad

MUSEEN

Einige Wiener Museen haben generell freien Eintritt oder sind an bestimmten Tagen, z. B. am 1. Sonntag im Montag, kostenlos.

ÖPNV-STADTRUNDFAHRT

Günstig fährst du mit den Trams 1 und 2, die entlang der prächtigen Ringstraße unterwegs sind; du musst nur ein Ticket für die öffentlichen Verkehrsmittel lösen.

Einzelticket 2,40 Euro | Infos unter wienerlinien.at

STADTFÜHRUNG

Kostenlose Stadtspaziergänge bieten die Vienna Greeters (2 Stunden, 2 Wochen im Voraus buchen!) und Good Tours. Spenden sind erwünscht.

VIENNA GREETERS
Infos unter viennagreeters.com/willkommen-inwien

GOOD TOURS
Infos unter goodviennatours.eu/ger

THEATER- & KONZERTKARTEN

Wer spontan ist und ein wenig Glück hat, kann an Wiens großen Bühnen Restplatzkarten für kleines Geld bekommen. Geh einfach ein paar Stunden vor Beginn einer Vorstellung zu den Abendkassen von Staatsoper, Burgtheater & Co.

TRINKWASSER

Lass dich nicht in den Touristenlokalen im 1. Bezirk abzocken, die teilweise bis zu 5 Euro für 1 Liter „Wiener Hochquellwasser" verlangen. Wasser ist normalerweise gratis oder kostet höchstens 50 Cent pro halbem Liter – und das auch nur, wenn man sonst nichts bestellt. Zum Essen und zum Kaffee gibt es kostenlos ein Glas Leitungswasser dazu!

WAS KOSTET WIE VIEL?

Kaffee 3,70 Euro
für eine Melange

Wein 4 Euro
für ein Glas (0,125 l) im Lokal

Theater ab 12 Euro
für eine Eintrittskarte

Imbiss 2,80 Euro
für eine Käsekrainer am Würstelstand

Buda + Pest =
Budapest

BUDAPEST

Von oben, von unten oder vom Wasser der Donau aus betrachtet – Budapest bleibt immer schön. Und das mit all seinen Macken: dem bröckelnden Putz hundertjähriger Gebäude, der umstrittenen Politik, die in seinem Parlament gemacht wird, den eigensinnigen Hauptstadtbewohnern mit ihrer tief verwurzelten Melancholie. Wer sich einmal nachts auf der Fischerbastei von den Lichtern der Stadt hat hypnotisieren lassen oder tags per Straßenbahn über die Freiheitsbrücke gerattert ist, der ist – zack! – schwer verliebt. Erlebe mit erstaunlich wenig Geld erstaunlich viel!

Kettenbrücke und Parlament

DIE BESTEN SEHENSWÜRDIGKEITEN

Das solltest du nicht verpassen! Auch wenn der eine oder andere Eintritt nicht immer den Geldbeutel schont, diese Sehenswürdigkeiten gehören zu Budapest einfach dazu!

GELLÉRT-BAD

Das Thermalbad im Jugendstil ist innen wie außen mit Abstand das schönste in ganz Budapest.

Eintritt ab 7100 Ft. | Kelenhegyi út 4 | gellertbath.hu | U-Bahn, Straßenbahn: Szent Gellért tér

MARGARETENINSEL

Die Park- und Freizeitanlage ist eine Oase der Entspannung und ein angesagter Treffpunkt für lange Partynächte.

Straßenbahn, Bus: Margitsziget/Margit híd

PARLAMENT

Wahrzeichen ohne Wenn und Aber – trotz der politischen Missstände im Land wirkt der Anblick des Parlaments einfach hypnotisierend.

Eintritt 4200 Ft. | Kossuth Lajos tér | parlament.hu/web/visitors | U-Bahn, Straßenbahn: Kossuth Lajos tér

FISCHERBASTEI

Ein idealer Ort, um sich in Budapest zu verlieben, denn der Ausblick ist wunderbar.

Eintritt aufs Gelände frei

Eintritt obere Terrasse 1200 Ft. | Szentháromság tér | Bus: Dísz tér

SYNAGOGE IN DER DOHÁNY UTCA

Das imposante Gotteshaus mit den Zwiebeltürmen ist die größte Synagoge Europas.

Eintritt inkl. Führung 7000 Ft. | Dohány utca 2 | dohany-zsinagoga.hu | Tickets auf jewishtourhungary.com/de | U-Bahn, Straßenbahn: Astoria

10 x Budapest

BURGPALAST

Das monumentale Bauwerk mit seinen Museen thront hoch oben auf dem Budaer Burgberg.

Eintritt aufs Burgpalastgelände frei

Eintritt Museen ab 2400 Ft. | Szent György tér | budavar.hu | Bus: Dísz tér oder Clark Ádám tér, von dort Standseilbahn

NEW YORK KÁVÉHÁZ

Prunkpalast der Extraklasse: Das traditionsreiche Café bietet royalen Glanz.

Erzsébet körút 9–11 | newyorkcafe.hu | U-Bahn, Straßenbahn: Blaha Lujza tér

ZENTRALE MARKTHALLE

Ihre Architektur, das bunte Treiben und das große Warenangebot machen sie zu einem der beliebtesten Hauptstadttreffpunkte.

Vámház körút 1–3 | U-Bahn, Straßenbahn: Fővám tér

SANKT-STEPHANS-BASILIKA

Es mag gruselig klingen, aber in der größten Kirche Budapests ruht die „Heilige Rechte“ des Nationalheiligen König Stephan.

Eintritt ab 1200 Ft. | Szent István tér 1 | utcabazilika.biz/en | U-Bahn: Bajcsy-Zsilinszky út oder Arany János

HELDENPLATZ

Mit seinen Denkmälern und Museen ist dieser Platz eine Art nationales Gesamtkunstwerk.

U-Bahn, Bus, Trolleybus: Hősök tere

Fischerbastei auf dem Burgberg

MEHR ERLEBEN

„Märchenburg" Vajdahunyad

Budapest glänzt mit zahlreichen Attraktionen, wie dem großartigen Parlament und der Kettenbrücke, die du dir nicht entgehen lassen darfst. Sind die Top-Highlights erledigt, kannst du auch mal hier vorbeischauen.

INS GRÜNE

Das 100 ha große Stadtwäldchen ist eine mit spannenden Zielen wie der „Märchenburg" Vajdahunyad (mit zwei Aussichtstürmen!), dem Széchenyi-Bad und dem Zoo gespickte Parkanlage. Seine Glanzzeit hatte es in den Jahren von 1867 bis 1914 – und war damals ein richtiger Vergnügungspark. **Insider-Tipp** Heute kommen die Budapester gern her, um auf dem künstlich angelegten See im Sommer Boot zu fahren und im Winter Schlittschuh zu laufen.

STADTWÄLDCHEN

Eisbahn ab 1500 Ft. zzgl. Schlittschuhausleihe | Olof Palme sétány 5 | mujegpalya.hu/en | U-Bahn, Bus, Trolleybus: Hősök tere oder Széchenyi fürdő

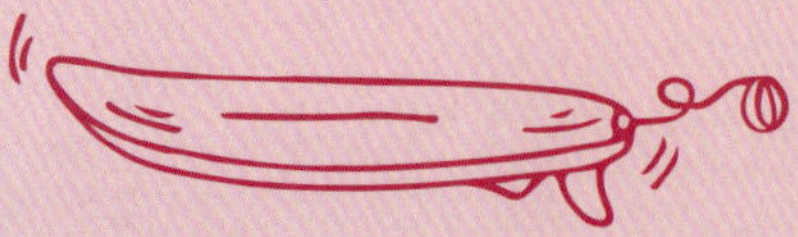

AB IN DEN UNTERGRUND!

Diese nah beieinandergelegenen Tropfsteinhöhlen sind ein Stück faszinierender Natur. Zieh warme Kleidung und feste Schuhe an, es ist kalt hier (11 Grad). Die Pálvölgyi-Höhle ist mit 29 km das längste Höhlensystem der Stadt, 500 m sind mit Führung zu besichtigen. Leichter zu begehen, aber ebenfalls ausschließlich geführt, sind die 300 m in der Szemlőhegyi-Höhle.

Eintritt jeweils 2400 Ft., Kombiticket 3900 Ft.

PÁLVÖLGYI-HÖHLE

Szépvölgyi út 162 | short.travel/bud25 | Bus ab Kolosy tér Pál-völgyi cseppkőbarlang

SZEMLŐHEGYI-HÖHLE

Pusztaszeri út 35 | short.travel/bud20 | Bus ab Kolosy tér bis Szemlő-hegyi-barlang

Das Original

EXTRAKNIFFLIG

Das Konzept der Escape- oder Exit-Games wurde in der ungarischen Hauptstadt erfunden, weshalb sie hier der absolute Renner sind. Die originalen Budapester Rätselspiele sind übrigens um einiges einfallsreicher als die der Nachahmer im Ausland. Bei Locked Room gibt es öfter ein Rabattangebot der Woche, die sechs Spielräume lehnen sich thematisch an Filme und Serien an.

LOCKED ROOM
Ab ca. 12 Euro/Person bei 6 Teilnehmern | Székely Mihály utca 4 | locked.hu | Metro: Opera

Museum der Schönen Künste

BUNT & UMSONST

Ursprünglich lag der Fokus darauf, die gerade 100 Jahre alt gewordenen Gebäude Budapests zu feiern, mittlerweile gibt es diese tolle Programmreihe Anfang Mai mit Führungen, Vorträgen oder auch mal einem kollektiven Frühstück, alles kostenlos!

BUDAPEST 100
Eintritt frei | Mitte Mai | Programm unter budapest100.hu/en

ANTIKE VOM FEINSTEN

Wenn du klassische Kunst der modernen vorziehst, ist dieses Museum dein Pflaster. Die Sammlung umfasst ägyptische, griechische und römische Objekte und eine große Auswahl italienischer Malerei.

MUSEUM DER SCHÖNEN KÜNSTE
Eintritt 3400 Ft., bis 26 Jahre 1600 Ft. | Dózsa György út 41 | mfab.hu | U-Bahn, Bus, Trolleybus: Hősök tere

„Ruinenkneipe" Szimpla Kert

ESSEN & TRINKEN

So viel ist sicher: An Gulasch und Salami kommt man eigentlich nicht vorbei. Vegetarier sollten sich an *lángos*, das frittierte Fladenbrot, und *lecsó* halten, ein leckeres Schmorgericht mit ganz viel Paprika.

FÜR JEDEN ETWAS

Der Gozsdu-Hof (gozsduudvar.hu) am Rand des alten jüdischen Viertels ist ein architektonisches Meisterwerk mit sechs hintereinanderliegenden Innenhöfen. Zahlreiche nette Restaurants, Bars und Cafés haben sich angesiedelt, empfehlenswert sind beispielsweise das Sáo oder die stylishe Tapasbar Vicky Barcelona.

SÁO
facebook.com/saofoodandbar

VICKY BARCELONA
Irály utca 13/Dob utca 16 | facebook.com/vickybarcelonatapas | KU-Bahn: Deák Ferenc tér

TRADITIONSLOKAL

Wenn du Lust auf herzhafte ungarische, günstige Gerichte und kein Problem mit einem etwas erhöhten Fettgehalt hast, dann bist du in der „Garküche von Papa Frici" genau richtig – unter Budapestern ein legendärer Favorit. Auch Tagesgerichte.

FRICI PAPA KIFŐZDÉJE
Király utca 55 | fricipapa.hu | Straßenbahn: Király utca/Erzsébet Körút

VERSTECKTE SZENEKNEIPE

Die Hinterhöfe des alten jüdischen Viertels zwischen Rákóczi út und Király utca sind zur angesagten Nightlife-Location geworden. Überall, wo Gebäude vom Verfall bedroht waren, haben sich alternative „Ruinenkneipen" angesiedelt, so auch das Szimpla Kert.

SZIMPLA KERT
Kazinczy utca 14 | szimpla.hu | U-Bahn, Straßenbahn: Astoria

SATT & GLÜCKLICH

Lust auf Deftiges? Dann ab ins Street Food Karaván! Der mit weißem Kieselstein und Bierbänken gestaltete Innenhof beherbergt etwa ein Dutzend Foodtrucks. Von *lángos* über *kürtőskalács* und Hamburger bis zu gepflegtem Bier und hausgemachter Limonade ist hier alles angesagt, was satt und glücklich macht.

STREET FOOD KARAVÁN
Kazinczy utca 18 | Facebook: streetfoodkaravan | U-Bahn: Astoria

MITTAGS GÜNSTIG

Erfrischend entspannt und trotzdem niveauvoll ist das Jedermann. Der Betreiber Hans van Vliet ist Hobbyjazzer und bietet abends öfter Live-Jazz und -Folk an. Mittags seien dir die günstigen, leckeren Menüs ans Herz gelegt. **Insider-Tipp** Hinten gibt es einen kleinen, versteckten Innenhof, in dem es sich im Sommer sehr gut essen und trinken lässt.

JEDERMANN
Ráday utca 58 | jedermann.hu | Straßenbahn: Boráros tér

Kürtőskalács – *Baumstriezel*

WARUM NICHT?

Hier wirst du satt und wirst dich wohlfühlen, so viel ist sicher! Das Bistro und das nur wenige Schritte weiter gelegene Why not Cafe and Bar (Belgrád rakpart 3–4; regelmäßig Karaoke und Dragshows) sind Orte, die offen für alle sind. Die Atmosphäre ist familiär, es gibt eine kleine Terrasse und die Lage mit Blick auf die Freiheitsstatue auf dem Gellértberg ist genial.

WHY NOT BISTRO
Belgrád rakpart 18 | whynotbistro.hu | Straßenbahn: Március 15. tér

SHOPPEN

Second-hand-Mode

Was das Einkaufen angeht, spielt sich in Budapest vieles in Shoppingmalls ab. Wer sich ein bisschen Zeit nimmt, kann aber auch einige „Perlen" wie diese entdecken.

ANTIQUITÄTEN

Nicht umsonst nennt sich dieser Antiquitätenladen „Garagenverkauf": Anders als in den feineren Antikgeschäften der Falk Miksa utca findest du zwischen den Regalen spazierend hier die Buntheit und Vielfalt eines Trödelmarkts.

TABÁNI GARÁZSVÁSÁR
Döbrentei utca 10 | Straßenbahn: Várkert Bazár

AUS ALT MACHT NEU

Dieser Markt ist einzigartig, das Motto stets DIY und Upcycling. Termin ist meist der 1. Sonntag des Monats: von April bis September im Burggarten-Basar, sonst indoor im Kultur- und Freizeitzentrum Millenáris.

WAMP DESIGN MARKET
Várkert Bazár: Straßenbahn: Várkert Bazár | Millenáris: Kis Rókus utca 16–20 | Straßenbahn: Széna tér wamp.hu/en

TEXTILE SCHNÄPPCHEN

Wenn du Kleider von der Stange lieber meidest, doch ungern ewig nach außergewöhnlicher Mode kramst, dann wird dir dieser kompakte Ableger der Secondhand-Ladenkette Humana gefallen. Aber Achtung: Zu Hause wird dich jeder fragen, wo du die einzigartige Schnäppchenklamotte gekauft hast.

HUMANA VINTAGE BUTIK
Károly körút 8 | U-Bahn, Straßenbahn: Astoria

GUT ZU WISSEN

Fast für nix

ÖPNV-STADTRUNDFAHRT

Stadtbesichtigung für nur rund 1,50 Euro: Die Straßenbahnlinie 2 fährt in gut 20 Minuten vom Pester Brückenkopf der Margaretenbrücke am Pester Donaukai entlang bis zur Endstation beim Palast der Künste – mit besten Ausblicken auf die Budaer Seite.

Infos unter bkk.hu/en

GÜNSTIGE DONAUFAHRT

Diese Perspektive von der Donau auf die Stadt musst du dir einfach gönnen. Die Budapester Verkehrsbetriebe BKK unterhalten gemeinsam mit der Reederei Mahart Schiffe, die auf der Donau eine Rundlinie abfahren. Es gibt Haltestellen auf Buda- und auf Pestseite sowie auf der Margareteninsel. Man kann im fensterlosen, aber überdachten Bereich oben oder von Fenstern geschützt unten sitzen.

MAHART
Ticket ab 1500 Ft. | Start: Vigadó tér | mahartpassnave.hu | Straßenbahn: Vigadó tér

FAHRRAD LEIHEN

Mit dem Rad ist man in Budapest schneller und flexibler unterwegs als mit den öffentlichen Verkehrsmitteln. Ein guter und günstiger Fahrradverleih ist die Bikebase. Ob Damen-, Herren- oder Kinderrad, hier bekommt man den Drahtesel und die Ausstattung, die man sich wünscht.

BIKEBASE
Fahrrad ab 3500 Ft./5 Std. | Podmaniczky utca 19 | bikebase.hu | U-Bahn, Straßenbahn: Nyugati páyaudvar

ÖPNV-TICKETS

Schüler und Studenten aus der Europäischen Union und der Schweiz erhalten 50 % Rabatt beim städtischen Nahverkehrsunternehmen BKK (Schüler- bzw. Studentenausweis bereithalten), Rentner fahren ganz umsonst.

Infos unter bkk.hu/en

BUDAPEST CARD

Die Budapest Card bietet viele Vorteile und Rabatte, z. B. kann man die kleinen elektronischen Shuttlebusse (Official Budapest Castle Bus) zwischen Clark Ádám tér und Burgviertel umsonst nutzen. Außerdem berechtigt sie zur unbeschränkten Benutzung der öffentlichen Verkehrsmittel. Es gibt sie für 24 Stunden (33 Euro), 48 Stunden (49 Euro) und 72 Stunden (63 Euro).

Infos und Onlinebuchung budapestinfo.hu

WAS KOSTET WIE VIEL?

Cappuccino 1,50–2,50 Euro
für eine Tasse

Mittagessen ca. 4,50–10 Euro
für ein Mittagsmenü im Restaurant

Bier 1,50–3 Euro
für ein Glas (0,5 l)

Taxi ca. 1 Euro
pro gefahrener Kilometer

Thermalbad 13–19 Euro
für eine Tageskarte, inklusive Umkleidekabine

Grüezi, Schwiiz!

ZÜRICH

Du willst einen interessanten Citytrip machen, bei dem der Spaß nicht zu kurz kommt? Neben dem Sightseeing entspannen, am Fluss die Aussicht und die Sonne genießen? Die großen Marken shoppen und auch mal die Nacht durchfeiern? Dann wirst du Zürich lieben! Die Stadt ist nicht groß, aber umso vielseitiger: Partymetropole, Finanzzentrum, kultureller Hotspot und Sommerbadeort mit vielen See- und Flussbädern. Und: Der nächste Berg wie der Uetliberg, der 871 m hohe Zürcher Hausberg, ist niemals weit weg. Wie du Großartiges erlebst und trotzdem deinen Dispo nicht anknabbern musst – erfährst du hier.

Blick vom Utoquai auf die Quaibrücke

DIE BESTEN SEHENSWÜRDIGKEITEN

Das solltest du nicht verpassen! Auch wenn der eine oder andere Eintritt nicht immer den Geldbeutel schont, diese Sehenswürdigkeiten gehören zu Zürich einfach dazu!

ZÜRICHHORN

Die Parkanlage im Seefeld ist trendiges Naherholungsgebiet mit Seebad und Kunstmeile zugleich.

Tram: Höschgasse oder Fröhlichstr., Bus: Chinagarten

SECHSELÄUTENPLATZ

Der größte Platz der Stadt ist ein urbaner Treffpunkt mitsamt Gartenstühlen und Sonnenschirmen zum Verweilen.

Tram: Bellevue, Stadelhofen, Opernhaus

ZOO

Schöne Anlage auf dem Zürichberg mit originalgetreuer Nachbildung verschiedener Landschaften Tibets, Madagaskars, Thailands und Kenias.

Eintritt 29 CHF | Zürichbergstr. 221 | zoo.ch | Tram, Bus: Zoo

KUNSTHAUS

Für die gewaltige Sammlung alter und moderner Meister mit dem eleganten Erweiterungsbau haben schon Stars wie Brad Pitt eine Privatführung gebucht.

Kostenlose Audioguides!

Eintritt 23 CHF | Heimplatz 1 | kunsthaus.ch | Tram/Bus: Kunsthaus

GROSSMÜNSTER

Die Kirche, deren Doppeltürme die Altstadt rechts der Limmat überragen, ist das Wahrzeichen der Stadt.

Eintritt inkl. Turm 5 CHF | Zwingliplatz 7 | grossmuenster.ch | Tram: Helmhaus

10 x Zürich

FRAUMÜNSTER

Marc Chagalls berühmte Glasfenster im Fraumünster muss man einfach gesehen haben.

Eintritt inkl. Audioguide 5 CHF | fraumuenster.ch | Münsterhof 2 | Tram: Helmhaus, Paradeplatz

TONI-AREAL

In der ehemals größten Joghurtfabrik Europas lagern 500 000 Designobjekte im Schaulager des Museums für Gestaltung.

Eintritt 12, Kombiticket 15 CHF | Pfingstweidstr. 90 | museum-gestaltung.ch | Tram: Toni-Areal

STREETPARADE

Jedes Jahr im August findet die weltgrößte Technoparty statt – und sie ist einfach ein Event!

Start: Utoquai | streetparade.ch | Tram, Bus: Bellevue

BAHNHOFSTRASSE

Die „Mutter aller Shopping-Meilen“ garantiert den Schaufensterbummel auf höchstem Niveau.

Bahnhofstr.

FRAU GEROLDS GARTEN

Sonnenterrasse, Stadtgarten, Kunstareal und Winterhüttenzauber – die Industriebrache hinter dem Prime Tower hat das ganze Jahr über etwas zu bieten.

€ Eintritt frei

Geroldstr. 22/23 | fraugerold.ch | Tram, S-Bahn: Hardbrücke

Frühlingsfest Sechseläuten auf dem gleichnamigen Platz

MEHR ERLEBEN

Botanischer Garten

Zürich ist eine der teuersten Städte in Europa und in der Tat bekommt man angesichts der Preise in der Schweiz schnell Schnappatmung. Wie schön, dass fast alles auf diesen beiden Seiten umsonst ist!

NACH LUST UND LAUNE

Auf der großen Grünfläche wird alles gespielt und gemacht, nicht nur am Wochenende, wenn die Läden des angrenzenden Viadukts geschlossen sind. Beim Kiosk (Josefstr. 197, josefwiese.ch) genießt man mit einem Flammkuchen oder einem Josi-Balzer (Ingwerlimonade mit Wodka) bis spätabends die laue Sommernacht und das multikulturelle Treiben.

JOSEFWIESE

Zwischen Josefstr. u. Neugasse | S-Bahn: Hardbrücke | Tram: Dammweg

AB IN DIE TROPEN

5 ha großer botanischer Garten der Universität mit drei Glaskuppeln, die als Schauhäuser für tropische Pflanzen dienen. Eine Plattform auf einem künstlichen Baumriesen bietet Ausblick auf das Blätterdach. Rund 9000 Pflanzenarten aus verschiedensten Klimazonen sind hier zu bewundern.

BOTANISCHER GARTEN

Eintritt frei | Zollikerstr. 107 | bg.uzh.ch | Tram: Höschgasse, Bus: Botanischer Garten

KLEINE WANDERUNG

Der Hausberg Zürichs erhebt sich über die Stadt und bietet mit seinen 871 m Höhe einen großartigen Blick auf Zürich, den See und die Berge. Sehr reizvoll ist es hier im Herbst und Winter, wenn über der Stadt Hochnebel wabert, der Hausberg jedoch aus dem Nebelmeer ragt.

UETLIBERG

Dauer: ca. 2 Std. | Aufstieg ab Albisgüetli über Denzlerweg oder ab Triemli über Hohensteinweg | Tram: Albisgüetli oder Triemli

Flussbad Oberer Letten

REIN IN DIE LIMMAT!

Die In-Badi schlechthin. Auf 400 m kannst du dich hier in einem Kanal die Limmat hinuntertreiben lassen. Auf dem rechten Ufer gibt's Beachvolleyballfelder und mehrere, bis spätabends geöffnete Bars.

FLUSSBAD OBERER LETTEN

Eintritt frei | Lettensteg 10 | Tram: Limmatplatz

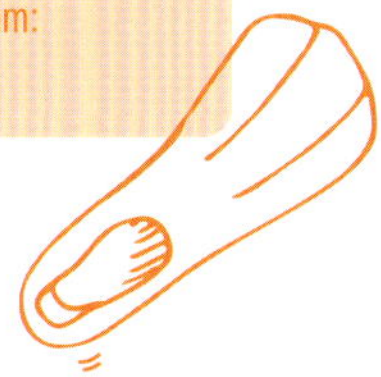

TIERFANS HIERHER!

Das Museum der Universität Zürich zeigt sie alle in echt und lebensgroß: einheimische wie exotische Tiere, ausgestorbene, große und kleine vom Land und Meer. Begrüßt wirst du von einem Einhorn mit anmutig gesenktem Kopf und silbernem Fell. Magisch!

ZOOLOGISCHES MUSEUM

Eintritt frei | Karl-Schmid-Str. 4 | zm.uzh.ch | Tram: ETH/Universitätsspital

ÜBER DEN ZÜRICHSEE

Am Bürkliplatz legen die Schiffe der Zürichsee Schiffsgesellschaft ab. In einer Stunde drehst du eine kleine Runde im Seebecken, mehrstündige Rundfahrten bringen dich bis ans andere Ende des Sees. Für die Minirundfahrt kannst du dir außerdem eine kostenfreie Audioguide-App (ZSG Tour) herunterladen.

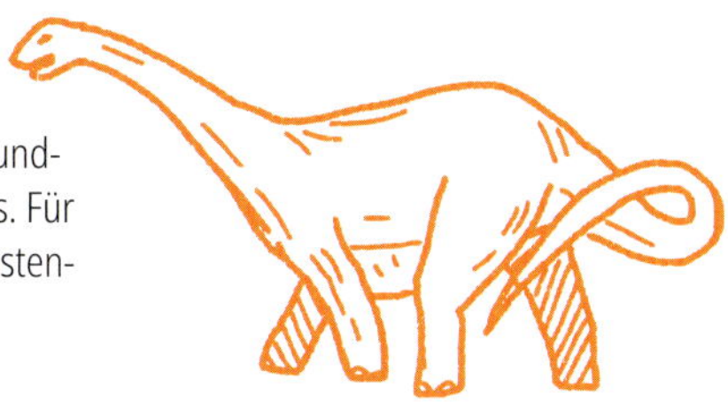

MINISEERUNDFAHRT

6,80 CHF | Dauer ca. 1 Std. | Abfahrt: Zürich Bürkliplatz | zsg.ch | Tram, Bus: Bürkliplatz

Am Zürichsee

ESSEN & TRINKEN

Beim Essen ist es wie mit allem anderen: Rechne schon vorher mit dem Doppelten, dann verderben dir die Preise nicht den Appetit. Die Läden hier gehören zu den günstigeren Adressen und das Wichtigste: Es schmeckt!

FOOD FÜRS VOLK

Beste Schweizer Küche zu fairen Preisen, die Portionen sind so groß wie sonst nirgends in der Stadt. Im Bistro und der Bar treffen sich Linksalternative, Finanzjongleure, Handwerker und Trendsetter schon morgens zu Kaffee und Gipfel.

VOLKSHAUS
Stauffacherstr. 60 | restaurantvolkshaus.ch | Tram, Bus: Helvetiaplatz

GOOD MORNING VIETNAM!

Authentische vietnamesische Küche in modernem Ambiente zu günstigen Preisen inmitten des Ausgehviertels. Mittagsmenü!

COMING SOON
Rolandstr. 9 | comingsoon.ch

KLASSE DRINKS

Kleine Kaffee- und Cocktailbar mit guten und (relativ) preiswerten Cocktails. Jeden Mittwoch gibt's die Mule-Drinks zum ermäßigten Preis. Wer die Cocktails zu Hause nachmachen möchte, kann sich zu einem Cocktailmixkurs anmelden. Sehenswert ist auch die Toilette in Form einer Steingrotte.

BARFLY'Z
Gotthardstr. 21 | barflyz.ch | Tram: Stockerstr. oder Bürkliplatz

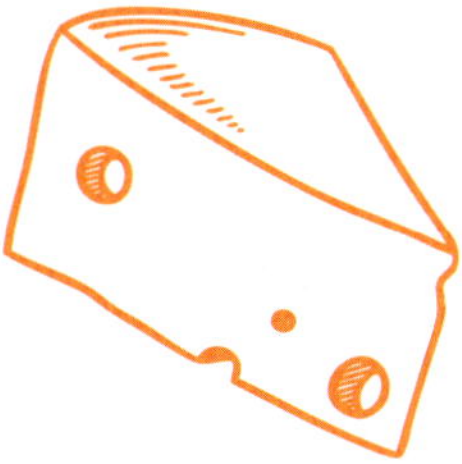

GANZ GROSSER KÄSE

Alles Käse, oder was? Die Raclette Factory ist das erste Lokal in Zürich, in dem es die Schweizer Spezialität auch im Take-Away gibt – und zwar in bester Qualität. Dafür allein gebührt ihr ein Orden. Wer zu sechst kommt, kann sich einen halben Laib Käse zum Selber-Abstreichen bestellen.

RACLETTE FACTORY
Rindermarkt 1| raclette-factory.ch | Tram: Rathaus

ORIENTALISCH

Türkisch-arabisches Restaurant in der Mustersiedlung Kalkbreite: tolle Atmosphäre in einem hohen, eigenwillig gestalteten Raum, leckere und (relativ) günstige orientalische Gerichte mit großer Auswahl an Vegetarischem.

BEBEK
Badenerstr. 171 | bebek.ch | Tram: Kalkbreite

ITALIENISCH

Der Tschingg, einst Schimpfwort für italienische Einwanderer, wird heiß geliebt: Die drei Lokale bieten gute Pasta – und schon die kleine Portion macht satt.

TSCHINGG
tschingg.eu | Oberdorfstr. 2 | Tram: Bellevue
Schaffhauserstr. 353 | Tram: Sternen
Lutherstr. 4 | Tram: Stauffacher

PAN-ASIAN CUISINE

Trendige Nudelbar mit Terrasse. Hier bekommst du asiatische Nudeln in unzähligen Variationen. Ein zweites Lokal gibt's hinter dem Hauptbahnhof: dieselbe riesige Auswahl, dieselben Preise, nur sonntags geschlossen.
Insider-Tipp Du willst lieber an einem anderen lauschigen Plätzchen deine Suppe schlürfen? Die Filiale in der Europaallee bietet auch Takeaway-Service.

NOOBA
Kreuzplatz 5 | nooba.ch | Tram, Bus: Kreuzplatz | Europaallee 12 | Tram: Sihlpost, S-Bahn: Hbf

Raclette mit Kartoffeln auf dem Markt

SHOPPEN

Verkaufsstand am Rosenhofmarkt

Die Züricher Bahnhofstrasse ist eher was zum Schaufenster-Shoppen, aber man muss sie erlebt haben. Etwas kaufen kannst du eher hier.

MITBRINGSEL

Unwiderstehlicher Mix aus Klimbim, Kunst, Design und originellen Kleinigkeiten. Selbst wer eigentlich gar nichts kaufen will, wird fündig.

ARS LONGA

Bahnhofplatz 3 | Tram: Hauptbahnhof

VINTAGE

Stehst du auf Vintage, Neues oder Alt-Neues? Im Fizzen findest du das alles zu sehr fairen Preisen: Secondhandkleidung, Neues von kleinen Labels und der Eigenmarke Rework.

FIZZEN FASHION & ACCESSOIRES

Preyergasse 6 | fizzen.ch | Tram: Rudolf-Brun-Brücke

ÜBER DEN WOLKEN

Kabinen-Trolley, Schlüsselanhänger, Anstecknadel: Hier gibt es alles, was sich Aviatik-Fans an Erinnerungsstücken wünschen können – und nicht nur Swissair, auch Air Berlin, Pan Am und andere einstige Airlines sind vertreten.

CLASSIC COLLECTION

Forchstr. 173 | classiccollection.ch | Tram, Forchbahn: Hedwigsteig

KUNSTHANDWERK

Kuriositätenmarkt; die Spanne reicht von Selbstgemachtem bis zu alternativem Kunsthandwerk.

ROSENHOFMARKT

Do 10–20, Sa 10–17 Uhr | Rosenhof, hinter Limmatquai 72 | Tram, Bus: Rathaus 1

SCHOGGI

Ein bisschen außerhalb gelegen, aber wenn du Schokolade liebst, nimmst du den Weg auf dich.

LINDT FACTORY OUTLET KILCHBERG

Pilgerweg 58, Kilchberg | S-Bahn: Kilchberg, dann ca. 10 Min. Fußweg

GUT ZU WISSEN

ZÜRICH CARD

Die Zürich Card (27 CHF/24 Std., 53 CHF/72 Std.) berechtigt zu Fahrten in allen Bahnen, Bussen, Trams, Schiffen, Seilbahnen und Standseilbahnen im ganzen Verkehrsverbund in und außerhalb der Stadt, inklusive der Fahrt zum Flughafen. Außerdem bekommst du freien Eintritt in 40 Museen, etliche Clubs sowie Vergünstigungen in diversen Läden und Restaurants.

Infos unter zuerich.com

FAHRRAD LEIHEN

Die Gratisfahrräder des Projekts „Züri rollt" sind Kult: Die Stadt verleiht in der Velostation am Hauptbahnhof kostenlos (20 CHF Pfand!) Räder, Skateboards und Kindervelos. Und dann radelst du, wohin du willst.

VELOSTATION EUROPAPLATZ
Kasernenstr. 100 | stadt-zuerich.ch | Tram, Bus: Hauptbahnhof

ÖPNV-STADTRUNDFAHRT

Einen besonders guten Eindruck der Größe und Vielfalt Zürichs bekommst du bei einer Rundfahrt mit der Tram Nr. 2, 4 und 13. Sie fahren buchstäblich von einem Ende der Stadt zum andern.

Infos unter zvv.ch

TRINKWASSER

Zürich besitzt rund 1200 Trinkbrunnen, an denen du kostenlos deine Trinkflasche auffüllen kannst. Eine Auflistung aller Brunnen findest du unter stadt-zuerich.ch.

KUNST IM ÖFFENTLICHEN RAUM

In Zürich gibt es fast 1300 Kunstwerke unter freiem Himmel zu bestaunen – kostenlos. U. a. Werke von Jean Tinguely, Alberto Giacometti oder Max Bill.

Infos unter zuerich.com/de/besuchen/kunst-im-oeffentlichen-raum

ZWEI FÜR EINS

Das Prozentbuch beinhaltet 2-für-1-Gutscheine für Restaurants, Bars, Clubs und sogar einen Hamam. Zweimal benutzt, sind die Kosten schon wieder wett. Erhältlich in Buchhandlungen und an größeren Kiosken.

Infos unter prozentbuch.ch

WAS KOSTET WIE VIEL?

Kaffee 3,60–4,65 Euro
Café crème

Bier/Wein 5,50–10 Euro
für ein Glas Bier/Wein

Pralinen 6,50 Euro
für 4 St. „VIP" von Sprüngli

Essen 13–25 Euro
für ein Mittagessen

Tutto italiano

MAILAND

Mailand hat Klasse: Die Stadt ist dicht, spannend, schick. Hier erlebst du das „andere" Italien, ein pulsierendes Italien des 21. Jahrhunderts. Die norditalienische Metropole ist die Stadt der Kreativen und der Banker. Ob im Maßanzug oder in Turnschuhen – Stil hat sie wie keine zweite. Zwei Mailand-Musts lassen dich ankommen: der Aperitif in einer der schönen Bars und der Blick auf ihre Skyline. Teuer muss das alles nicht sein, wenn du weißt, wo und wie du am besten dein Konto schonst.

Dom Santa Maria Nascente, kurz: Mailänder Dom

DIE BESTEN SEHENSWÜRDIGKEITEN

Das solltest du nicht verpassen! Auch wenn der eine oder andere Eintritt nicht immer den Geldbeutel schont, diese Sehenswürdigkeiten gehören zu Mailand einfach dazu!

DOM SANTA MARIA NASCENTE

Das sakrale Herz der Stadt: Marmor in allen Schattierungen und über allem wacht die goldene Madonna.

Eintritt 8 Euro inkl. Museum | Piazza del Duomo | duomomilano.it | Metro: Duomo

QUADRILATERO DELLA MODA

Auf einem knappen Quadratkilometer die weltweit dichteste Ballung an Läden des Luxus und der Moden.

Metro: Montenapoleone, San Babila

CASTELLO SFORZESCO

Die Burg in der Stadt: Selfie-Kulisse und Schatzkammer.

€ Eintritt aufs Burggelände frei

Eintritt Museen 5 Euro | Piazza del Castello 3 | milanocastello.it | Metro: Cairoli, Cadorna, Lanza

PINACOTECA DI BRERA

Zwischen all den tollen Bildern ist auch der romantischste Kuss der Kunstgeschichte.

€ Eintritt 1. So im Monat frei

Eintritt 16 Euro | Via Brera 28 | pinacotecabrera.org | Metro, Tram: Lanza, Montenapoleone

NAVIGLI

Die Ausgehmeile der Stadt: An laue Abenden stellen die Lokale Stühle an den Kanal Naviglio Grande, im Winter sitzt man drinnen bei Cocktails und dampfendem Risotto.

Metro, Tram: Porta Genova

PORTA NUOVA

Um die Piazza Gae Aulenti türmt sich das neue, spannende Hochhausviertel.

Metro: Garibaldi

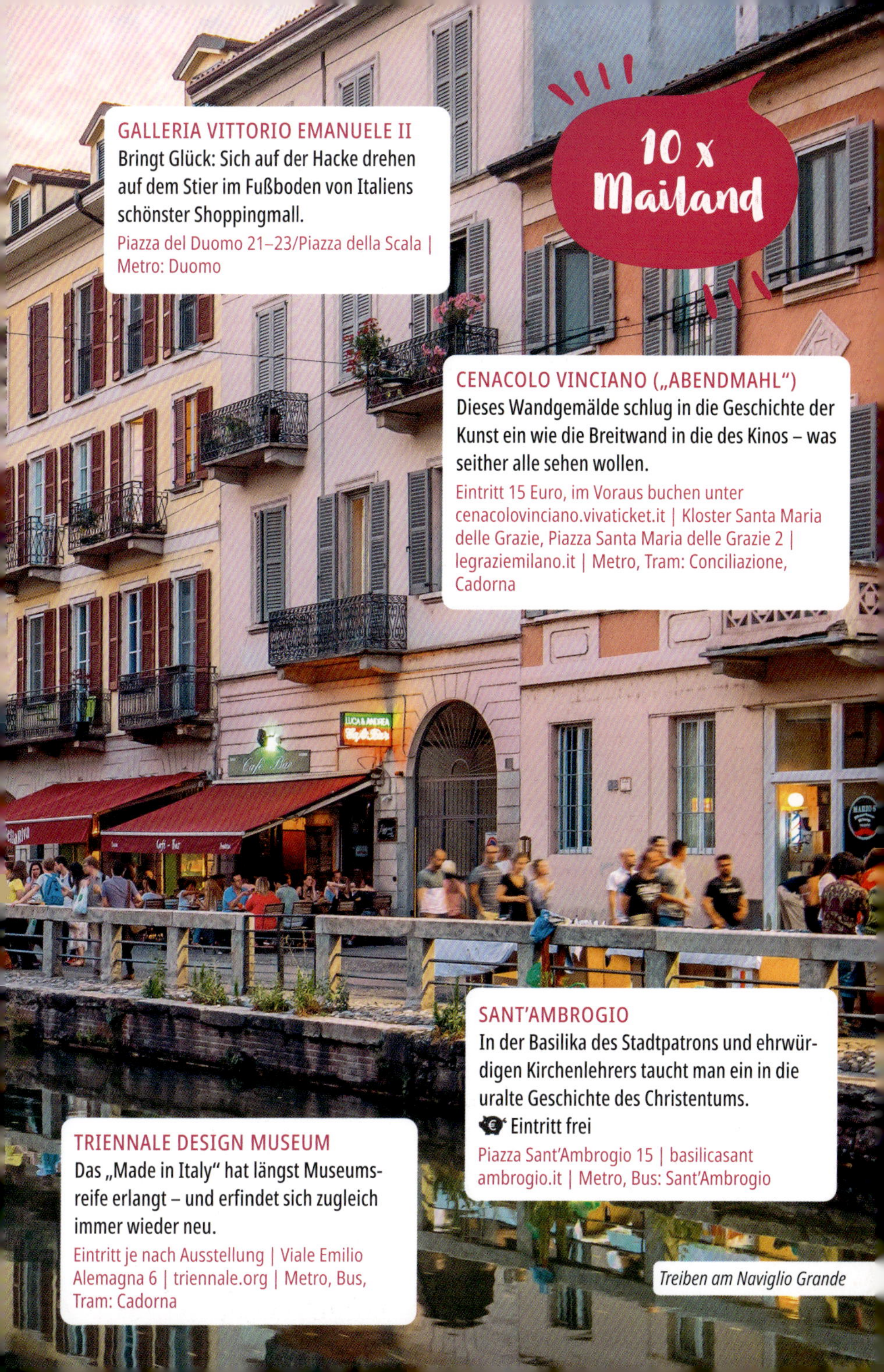

10 x Mailand

GALLERIA VITTORIO EMANUELE II

Bringt Glück: Sich auf der Hacke drehen auf dem Stier im Fußboden von Italiens schönster Shoppingmall.

Piazza del Duomo 21–23/Piazza della Scala | Metro: Duomo

CENACOLO VINCIANO („ABENDMAHL")

Dieses Wandgemälde schlug in die Geschichte der Kunst ein wie die Breitwand in die des Kinos – was seither alle sehen wollen.

Eintritt 15 Euro, im Voraus buchen unter cenacolovinciano.vivaticket.it | Kloster Santa Maria delle Grazie, Piazza Santa Maria delle Grazie 2 | legraziemilano.it | Metro, Tram: Conciliazione, Cadorna

SANT'AMBROGIO

In der Basilika des Stadtpatrons und ehrwürdigen Kirchenlehrers taucht man ein in die uralte Geschichte des Christentums.

€ Eintritt frei

Piazza Sant'Ambrogio 15 | basilicasantambrogio.it | Metro, Bus: Sant'Ambrogio

TRIENNALE DESIGN MUSEUM

Das „Made in Italy" hat längst Museumsreife erlangt – und erfindet sich zugleich immer wieder neu.

Eintritt je nach Ausstellung | Viale Emilio Alemagna 6 | triennale.org | Metro, Bus, Tram: Cadorna

Treiben am Naviglio Grande

Parco Sempione mit Arco della Pace

MEHR ERLEBEN

Mailand ist die zweitgrößte Stadt Italiens und anders als die Hauptstadt Rom kompromisslos zukunftsorientiert. Hier setzt man die Trends von morgen, vor allem in Mode und Architektur, und es wird nie langweilig.

DER BESTE PLATZ

Steig der Stadt aufs Haupt: Von der frei zugänglichen Dachterrasse des Kaufhauses La Rinascente ist der Dom mit seinem fantastischen Steinschmuck zum Greifen nah und tief unten auf dem Platz siehst du das Treiben der Menschen.

TERRASSE LA RINASCENTE

Eintritt frei | Via Santa Radegonda 3/Piazza del Duomo | rinascente.it | Metro: Duomo

MODERNE & ZEITGENÖSSISCHE KUNST

Kunst der Gegenwart in ehemaligen Werkshallen. Seit 2004 ist der Hangar ein spannender Ort für künstlerische Experimente mit nettem Café-Restaurant.

PIRELLI HANGAR BICOCCA

Eintritt frei, Online-Voranmeldung empfohlen | Via Chiese 2 | pirellihangarbicocca.org | Bus: Via Chiese – HangarBicocca

Spannende Kunst!

DIE SCALA

Ein Highlight ist der Abend in diesem Operntempel. Karten übers Internet oder an der Theaterkasse. Für junge Menschen unter 36 Jahren gibt es einmal im Monat donnerstags um ca. 40 % vergünstigte Karten (begrenzte Plätze, Vorausbuchung empfohlen!).

TEATRO ALLA SCALA

Karten ab 20 Euro | Via Filodrammatici 2 | teatroallascala.org | Tram: Teatro alla Scala

IMMER WAS LOS

Locker, easy, alternativ. Hier trifft man sich zum Quatschen, Essen, Musikhören, freitags und samstags bis 3 Uhr nachts. Regelmäßig Konzerte, auch Kabarettisten und Literaten treten auf.

SANTERIA SOCIAL CLUB

Eintritt frei bzw. je nach Veranstaltung | Viale Toscana 31 | santeria.milano.it | Tram: Viale Toscana/Viale Castelbarco

KUNST-WOHNZIMMER

Hier hat das Industriellenpaar Boschi Di Stefano **Insider-Tipp** in seiner mit Stilmöbeln der 1920er- und 1930er-Jahre gestylten Wohnung einen unermesslichen Schatz an italienischer Kunst der Moderne zusammengetragen. Sie liegt im zweiten Stock eines vom damaligen Stararchitekten Piero Portaluppi erbauten Apartmenthauses.

CASA-MUSEO BOSCHI DI STEFANO

Eintritt frei | Via Giorgio Jan 15 | fondazione boschidistefano.it | Metro, Tram, Bus: Lima

Moderne und zeitgenössische Kunst bei Pirelli

GENIALER PARK

Mailands grüne Oase und ideal für eine kleine Auszeit. Im Park finden sich auch das Acquario (Eintritt 5 Euro, Viale G. Gadio 2, acquariodimilano.it), die 108,60 m hohe Torre Branca mit toller Aussicht auf die Stadt (Eintritt 6 Euro, Viale Alemagna/Parco Sempione, museobranca.it/torre-branca) und der Arco della Pace, „Friedensbogen" für Napoleon, heute ein beliebter sommerabendlicher Treffpunkt. An Kiosken gibt es *bibite* und *gelati*.

PARCO SEMPIONE

Zugänge Piazza Castello, Viale Alemagna und Piazza Sempione | Metro: Cairoli, Cadorna, Lanza

ESSEN & TRINKEN

Bella Italia, auch die Gläser haben Stil

Italien ist in kulinarischer Hinsicht ein gelobtes Land: Es schmeckt einfach alles. Mailand im Speziellen ist berühmt für Risotto alla Milanese und Cotoletta alla Milanese. Letzteres entspricht mehr oder weniger einem Wiener Schnitzel – macht ja nix.

FOOD-HOTSPOT

Mercato con cucina: Die köstlichen Backwaren, Käsesorten und den frischen Fisch kann man direkt hier verspeisen.

MERCATO DEL SUFFRAGIO
Piazza di Santa Maria del Suffragio | facebook.com/mercatodelsuffragio | Tram, Bus: Piazza di Santa Maria del Suffragio

SCHNELLE SNACKS

Wenn du sparen willst, gehst du am besten in ein Kettenlokal, wo belegte *panini* ab ca. 6 Euro kosten.

PANINO GIUSTO
Piazza Diaz 6 | paninogiusto.com | Metro: Duomo

PANINI DURINI
Corso Magenta 31 | paninidurini.it | Tram: Largo d'Ancona

PRINCI
Piazza XXV Aprile | princi.it | Tram: Via M.te Grappa/Via Gioia

CORNETTO-TEMPEL

Entspanntes Café nördlich der Giardini Pubblici. Hier bekommst du z. B. eine ofenfrische Brioche 160 % – so benannt, weil mit besonders viel Aprikosenmarmelade gefüllt. Für die steht man am Wochenende Schlange. Ofenfrisch sind auch die Gemüsequiches zu Mittag. An großen und kleinen Holztischen macht man es sich bei freiem WLAN gemütlich.

PAVÉ
Via Felice Casati 27 | pavemilano.com | Metro: Repubblica

RADL-KNEIPE

Die fahrradbegeisterte Gründertruppe hat die Bike-Werkstatt in ein supergemütliches Lokal verwandelt. **Insider-Tipp** In Strandstühlen oder an langen Gemeinschaftstischen wird gesurft, frische Säfte, gute Biere und Cocktails werden geschlürft, es gibt Veganes, saftige Hamburger und geräucherten Fisch – und manchmal Livekonzerte.

UPCYCLE MILANO BIKE CAFÉ
Via Andrea Maria Ampère 59 | upcyclecafe.it | Metro: Piola

IN-LOKAL

Seit Jahren brummt diese große Bar zur Aperitifstunde und auch danach. Junger Spirit, für alle offen, ein reiches Food-Büfett und auf dem Bürgersteig Trauben von gut gelaunten Leuten.

MOM CAFÈ
Viale Monte Nero 51 | facebook.com/people/MOM-Cafè | Metro, Tram: Porta Romana

PASTA FRESCA

Leckere, frische Nudelgerichte bekommst du hier. Zu Stoßzeiten musst du mit Schlangen rechnen. Auf der Website finden sich die Adressen von weiteren Filialen dieses Erfolgslokals.

MISCUSI CADORNA
Via Giacomo Leopardi 13 | miscusi.com | Metro: Cadorna

GÜNSTIGER EINKEHREN

Wenn du deinen Kaffee am Tresen trinkst, zahlst du übrigens vielerorts weniger. Die *pausa pranzo* oder den *light lunch* bieten fast alle Innenstadtrestaurants an, selbst gehobene Adressen: Mittags bekommst du hier günstige Tellergerichte, oft zum Komplettpreis inkl. Wasser, einem Glas Wein und Espresso.

TOLLE PIZZA

Einzigartige Pizza aus Sauerteig und mit Biozutaten belegt, vom Saisongemüse bis zum cremigen Büffelmozzarella. Außer diesem Lokal hier im Viertel Isola gibt es ein zweites im Navigli-Viertel.

BERBERÈ
Via Sebenico 21 | berberepizza.it | Metro: Isola

Pizza isst man auch in Mailand

SHOPPEN

East Market Milano

Wer aus Mailand nicht mit wenigstens einer neuen Klamotte nach Hause kommt, hätte nicht hinfahren sollen. In Europas Modehauptstadt gibt es aber auch anderes zu entdecken.

TAUSCHHANDEL

Kein Kellergerümpel, vielmehr verkaufen und tauschen Privatleute hier in einer ehemaligen Flugzeughalle einmal im Monat, was sie zu viel haben: Klamotten, Bücher, Platten, Liebhabersammlungen. Food und DJ-Musik.

EAST MARKET MILANO

Eintritt 5 Euro | Via Mecenate 88/A | Termine auf eastmarketmilano.com | Tram, Bus: Via Mecenate/Via Fantoli

ZWEITE HAND

Secondhandmode bekannter Marken, aber auch Selbst-Designtes.

GROUPIES VINTAGE

Via Gian Giacomo Mora 7 | groupiesvintage.bigcartel.com | Metro: Sant'Ambrogio

OUTLET-SHOPPING

Unbekanntere italienische Marken, aber auch Mode von Labels wie Prada, Gucci & Co. – um bis zu 70 % reduziert.

IL SALVAGENTE

Via Fratelli Bronzetti 16 | salvagente.com | Bus: Via Bronzetti Via Archimede

FÜR SOUVENIRS

Köstliche Schokoladentafeln mit karamellisierten Blüten aus Mailands ältester Schokoladenfabrik. Ein ideales Mailand-Souvenir – zu vernünftigen Preisen.

ZAINI

Via Carlo De Cristoforis 5 | zainimilano.com | Metro: Garibaldi FS

PAPETERIE

Schöne Abbildungen von Leonardo da Vincis „Abendmahl" auf Heften, Briefpapier etc. gibt's in dieser herrlich altmodischen Papierhandlung.

RUFFINI CARTOLIBRERIA

Via Fratelli Ruffini 1 | Metro, Tram: Conciliazione, Cadorna

GUT ZU WISSEN

TRINKWASSER

Trinkwasser frisch, kontrolliert und umsonst: Rund 450 Trinkwasserspender, *draghi verdi* („grüne Drachen“) genannt, verteilen sich aufs Stadtgebiet – wo, das zeigt die Karte auf fontanelle.org (Menüreiter „Mappa fontanelle“).

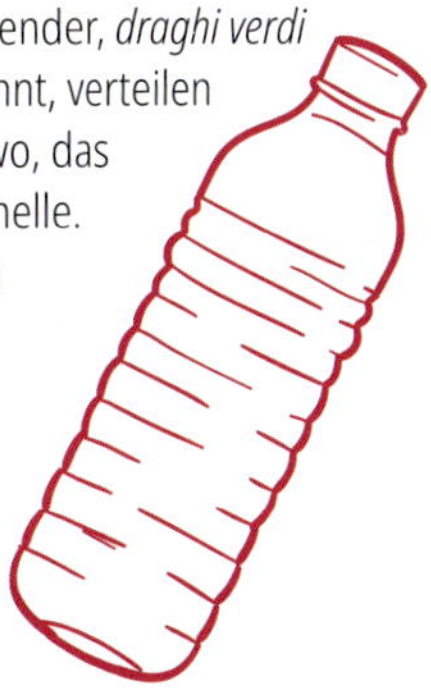

FAHRRAD LEIHEN

Für die Räder von Bike Mi (bikemi.com) muss man sich online oder an einem ATM-Schalter an den Bahnhöfen Centrale, Cadorna, U-Bahn Duomo, Garibaldi, Loreto anmelden. Außerdem verteilt sich eine Flotte von 8000 Rädern des Verleihs Mobike (mobike.com) aufs Stadtgebiet, die man über die Mobike-App nutzen kann. Für längere Ausflüge mietest du dir besser ein leichteres Fahrrad, z. B. bei:

ROSSIGNOLI

13 Euro/Tag | Corso Garibaldi 65 | rossignoli.it | Metro, Tram: Lanza, Moscova

MILANO CARD

Mit der Milano Card, manchmal auch Milano City Pass genannt, benutzt du die öffentlichen Verkehrsmittel umsonst und erhältst Nachlass auf den Eintritt in vielen Museen – in einige kommst du sogar gratis hinein – und Ausstellungen und bekommst Rabatt in zahlreichen Geschäften und Shoppingcentern. Die Karte kostet für einen Tag 14 Euro, für zwei Tage 19, für drei Tage 21 Euro; du bekommst sie in der Touristeninformation, in Museen oder online sowie über die Flughafen-App.

Infos unter milanocard.it

MUSEEN

Die Eintrittspreise der Museen sind sehr unterschiedlich. Die meisten Museen bieten einen Preisnachlass für Besucher unter 18 bzw. 25 und über 65 Jahren. Die Tourist Museum Card (museicivicimilano.vivaticket.it) kostet 12 Euro, ist drei Tage gültig und gewährt freien Eintritt in alle städtischen Museen (*musei civici*). Auch ohne Card kommt man am ersten und dritten Dienstag im Monat ab 14 Uhr umsonst in die Museen, in viele weitere am ersten Sonntag im Monat.

ÖPNV-STADTRUNDFAHRT

Auf eigene Faust und für nur 2,20 Euro erkundest du die Stadt mit der Straßenbahn: Viele Innenstadtlinien fahren noch mit den alten Tramwagen von 1930, z. B. die Linie 10. Linie 9 fährt den Innenstadtring Cerchia dei Bastioni ab, also rund ums *centro storico* vorbei an den historischen Stadttoren.

Infos unter atm.it

WAS KOSTET WIE VIEL?

Espresso um 1,20 Euro
für eine Tasse am Tresen

Wein ab 4 Euro
für ein Glas (0,2 l) offenen Wein

Imbiss ab 4 Euro
für ein belegtes panino

Ausstellung ab 8 Euro
für den Eintritt

La Serenissima

VENEDIG

Ein Glas Wein mit Blick auf den Canal Grande, aus dem Kanal gluckst das Wasser, schwarze Gondeln ziehen an protzigen Palästen vorbei: Ja, das ist Venedig. Aber nicht nur. Und immer wenn du denkst, du hast endlich das wahre Venedig gesehen, flutscht dir das Bild schon wieder weg. Deshalb: Cool bleiben! Du musst diese Stadt nicht gleich am ersten Tag verstehen, kannst sie nach und nach für dich erobern – mit den folgenden Tipps auch mit kleinem Budget.

Piazza, Basilica und Campanile di San Marco

DIE BESTEN SEHENSWÜRDIGKEITEN

Das solltest du nicht verpassen! Auch wenn der eine oder andere Eintritt nicht immer den Geldbeutel schont, diese Sehenswürdigkeiten gehören zu Venedig einfach dazu!

PIAZZA SAN MARCO

Über die schönste Piazza der Welt schlendern und einfach staunen.

Anleger: San Marco

GIUDECCA

Bummeln von Andrea Palladios Meisterwerk, der Redentore-Kirche, zur Luxusmühle Molino Stucky: herrlich!

Anleger: Zitelle, Redentore, Palanca

PONTE DI RIALTO

Die Brücke aller Brücken – voll mit Andenkenbuden und trotzdem schön in ihrem Schwung über den Kanal.

Anleger: Rialto

CAMPANILE DI SAN MARCO

Aussicht, Aussicht, Aussicht! Einen besseren Einstieg gibt es nicht, als den Blick von hier oben über die Stadt schweifen zu lassen.

Eintritt 12 Euro | Piazza San Marco | basilicasanmarco.it | Anleger: San Marco

10 x Venedig

BASILICA DI SAN MARCO

Gold und Glitzer: Der Markusdom ist einfach unglaublich mit seinen Mosaiken und Edelsteinen und allem Drum und Dran.

Eintritt 6 Euro | Piazza San Marco | basilicasanmarco.it

MURANO

Sei dabei, wenn über dem Feuer die tollsten Glasobjekte entstehen, und gib dich in einem der vielen Ateliers der Kauflust hin.

Verschiedene Anleger

CIMITERO DI SAN MICHELE

Unheimlich schön: ein zypressengesäumter Spaziergang auf Venedigs Friedhofsinsel.

€ Eintritt frei

Isola di San Michele | Anleger: Cimitero

FRARI

Wenn Kirche, dann diese: Hier haben sich alle Großen verewigt, von Tizian über Canova und Bellini bis Donatello.

Eintritt 5 Euro | basilicadeifrari.it | Anleger: San Tomà

PALAZZO DUCALE

Epizentrum der Macht: Von hier regierten die Dogen die mächtige Seerepublik.

Eintritt 25 Euro Kombiticket für Museo Correr, Museo Archeologico Nazionale, Biblioteca Nazionale Marciana (Onlinepreis ab 30 Tage im Voraus!), sonst 30 Euro | Piazza San Marco | palazzoducale.visitmuve.it | Anleger: San Zaccaria

DO MORI

Pikante Häppchen und ein Glas Wein: Das ist genussvolles venezianisches Alltagsleben – z. B. in Venedigs historischer Stehbar.

Calle dei Do Mori 429 | facebook.com/pages/Cantina-Do-Mori | Anleger: Rialto

Blick vom Ponte di Rialto auf den Canal Grande

MEHR ERLEBEN

Einfahrt zum Arsenale

Eine Stadt wie Venedig gibt es kein zweites Mal auf der Welt. Boote statt Autos, Kanäle statt Straßen. Es gibt wahnsinnig viel zu sehen. Teil dir deine Zeit gut ein, damit du auch noch das „stille Venedig" der abseitigen Gässchen und Kanäle erleben kannst.

ABENDS AN DEN LIDO

Mach es wie die jungen Venezianer und **Insider-Tipp** deck dich an einem der Strandkioske mit Snacks und Getränken ein, um dir dann ein nettes Plätzchen zu suchen – beispielsweise am Chiosco Bahiano (Via Fra' Mauro, facebook.com/chioscobahiano) am nördlichen Ende des Strands an der Piazza Pola.

Anleger: Lido S. M. E.

Nicht verpassen!

ALTES WERFTENVIERTEL

Vom 14. bis ins ausgehende 18. Jh. wurden in der Werft sämtliche Kriegs- und Handelsschiffe gebaut, heute repariert man Fähr- und Frachtschiffe. In den Biennale-Jahren bietet die Stiftung der Biennale einmal in der Woche kostenlose Führungen an (Anmeldung unter promozione@labiennale.org). Auch die Gesellschaft, die das Hochwasserschutzprojekt MOSE verantwortet, sitzt hier und bietet thematische Führungen zu dem gigantischen Schleusenbau an (info@mose-venezia.it).

ARSENALE €

Eintritt frei | comune.venezia.it/it/arsenaledivenezia | Anleger: Arsenale

VENEZIANISCHE (KUNST-)GESCHICHTE

Gemälde und Skulpturen von der veneto-byzantinischen und frühgotischen Zeit bis ins goldene 16. Jh., darunter Werke des Bildhauers Antonio Canova. Du erfährst außerdem viel über historische Themen der Lagunenstadt wie Politik, Seefahrt und Handel. Auch Sonderausstellungen moderner Kunst.

MUSEO CORRER

Eintritt 25 Euro Kombiticket für Palazzo Ducale, Museo Archeologico Nazionale, Biblioteca Nazionale Marciana (Onlinepreis ab 30 Tage im Voraus!), sonst 30 Euro | correr.visitmuve.it | Anleger: Vallaresso

Lido di Venezia

GRANDIOSES DECKENBILD

Hinter der ziemlich schlichten Fassade wartet Insider-Tipp ein gigantisches, aus 40 Leinwandelementen zusammengesetztes Deckenbild, das einem im doppelten Sinn den Kopf verdreht. Gian Antonio Fumiani hieß der Mann, der das barocke Kolossalwerk Ende des 17. Jhs. in 24-jähriger (!) Arbeit schuf.

SAN PANTALON

Eintritt frei | Dorsoduro | sanpantalon.it | Anleger: San Tomà

RADAUSFLUG

Venedig und Fahrradfahren? Na klar, z. B. auf Sant'Erasmo. Auf der einen Seite Felder und Gärten, auf der anderen Salzwiesen und Sandbänke. 10 km ist der Inselrundweg lang – das schafft jeder! Leihräder gibt es beim Hotelrestaurant Il Lato Azzurro. Wenn du an der Torre Massimiliana vorbeiradelst, kannst du hier auch noch interessante Ausstellungen zeitgenössischer Kunst anschauen – Eintritt frei!

IL LATO AZZURO

Fahrrad 5 Euro/2 Std., für jede weitere Std. 1 Euro (Reservierung empfohlen!) | Via dei Forti 13 | latoazzurro.it

ESSEN & TRINKEN

Snack für zwischendurch: Weißwein und cicchetti

Cicchetti nennt man in Venedig die kleinen leckeren Häppchen, die in entsprechender Anzahl verspeist auch eine ganze Mahlzeit ersetzen können. Dazu ein Gläschen Wein – was braucht man mehr zum Glück?

SEHR AUTHENTISCH

Spartanisches Ambiente in einem noch relativ ursprünglichen Teil Venedigs. Hierher verirrt sich kaum ein Tourist, du bist mitten im venezianischen Alltag. Große Portionen, kleine Preise, leider nur mittags geöffnet.

TRATTORIA ALLA RAMPA
Via Garibaldi 1135 | Anleger: Giardini

RAN AN DEN FISCH

Nur ein paar *cicchetti* zum Wein oder das volle Programm – geht hier alles. Schwerpunktmäßig gibt es Fisch. Kein Wunder – die Osteria sitzt im Gebäude des alten Fischmarkts.

OSTERIA AL MERCÀ
Via Dandolo 17 | osteriaalmerca.it | Anleger: Lido

CAFFÈ FANTASTICO

Historisches Kaffeehaus in Cannaregio und Kult unter den Einheimischen. Die Preise sind normal und der frisch gemahlene Kaffee hat ein Aroma – wow!

TORREFAZIONE CANNAREGIO
Fondamenta dei Ormesini 2804 | torrefazionecannaregio.it | Anleger: Sant'Alvise

RUNDUM GUT

Kleines, helles Lokal mit super Pizza und guten Fleischgerichten. Reservier bei schönem Wetter einen Tisch draußen auf dem Platz!

DUE COLONNE
Campo Sant'Agostin 2343 | osteria-pizzeria-due-colonne.business.site | Anleger: San Silvestro, San Stae

HAPPY HOUR

Quirlig-charmante Bar mit schickem Design und ungewöhnlich niedrigen Preisen. Viele Studenten, zur Happy Hour besonders günstige *aperitivi*.

CAFÉ NOIR
Crosera San Pantalon 3805 | instagram.com/cafenoirvenezia | Anleger: San Tomà

VENEZIANISCHE HÄPPCHEN

Gut essen zu fairen Preisen – das geht überall in Italien leicht, aber nicht in Venedig. Denn allein mit der Laufkundschaft machen viele Restaurants so gutes Geschäft, dass es nicht wichtig ist, ob der Gast zufrieden war. Verzichte daher lieber aufs überteuerte *menù turistico* und gib entweder etwas mehr Geld für Venedigs wirkliche Spezialitäten aus oder geh in eins der vielen *bacari*, wo kostenlos oder für wenige Euro kleine Häppchen zum Wein serviert werden. Diese venezianischen Tapas, optimal auch als Snack zwischendurch, heißen *cicchetti*.

NETT & GÜNSTIG

Je später der Abend, desto voller ist diese kleine Pinte mit großer Auswahl und guter Musik. **Insider-Tipp** Der Wein kostet schlappe 3 Euro, die Cocktails unter 10 Euro.

CHET BAR
Campo Santa Margherita 3684 | instagram.com/chetbarvenice | Anleger: Ca' Rezzonico

FÜR VEGETARIER

Gemütliche, winzige, unkomplizierte Osteria, romantisch an einem kleinen Kanal gelegen. Üppige Portionen, große Auswahl an vegetarischen Gerichten, sehr faire Preise.

LA ZUCCA
Calle del Megio 1762 | lazucca.it | Anleger: San Stae

Bar in San Polo

SHOPPEN

Beliebte Mitbringsel: Taschen

Wenn du nicht nur mit einer Karnevalsmaske und gläsernem Nippes aus Murano nach Hause fahren willst, könntest du mal bei den hier genannten Läden reinschauen.

SPEZIALITÄTEN

Tolle Kekse und Pralinen in hübschen Geschenkschachteln zum Mitnehmen. Auch Öl, Wein, Käse und Würste sind in den fünf Filialen im Angebot.

RIZZO
Calle dei Botteri 1719 | rizzovenezia.it | Anleger: Rialto Mercato

LEDERWAREN

Schnäppchenjäger finden Textil- und Lederwaren in den Gassen westlich der Rialtobrücke, von dort bis zum Campo San Polo sowie in der Lista di Spagna beim Bahnhof und der Strada Nova. Witziges Ausgefallenes und wirklich Handgemachtes gibt es in den Bezirken San Polo und Dorsoduro.

UNIKATE

Schicke, preisgünstige Kleider, Jacken, Taschen und mehr aus Seide, Samt und Brokat, geschneidert von weiblichen Häftlingen im Giudecca-Gefängnis.

BANCO LOTTO NO. 10
Salizada Sant'Antonin 3478a | facebook.com/BancoLotto10 | Anleger: San Zaccaria

TOLLE SCHUHE

Insider-Tipp Bunte Gummistiefel, die auch bei Hochwasser für gute Laune (und trockene Füße) sorgen. Super Auswahl und gute Preise. Auch vegane Schuhe aus Canvas und anderen natürlichen Materialien.

ACQUA MAREA
Campo San Pantalon 3750 | facebook.com/acquamarea | Anleger: San Tomà

FÜR VINTAGE-FANS

Einzelstücke, Exzentrisches, Handtaschen und Accessoires aus recyceltem Material.

PENNY LANE
Campo San Polo 2102a | pennylaneshop.com | Anleger: San Silvestro

GUT ZU WISSEN

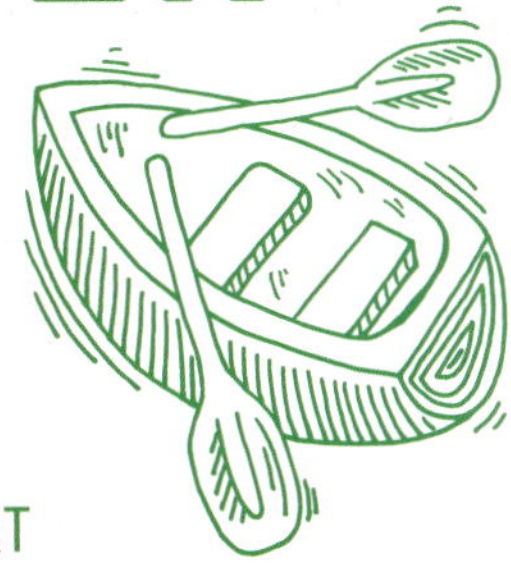

CITY PASS VENEZIA UNICA

Das Basisangebot San Marco City Pass für 38,90 Euro ist sieben Tage gültig und bietet dir freien Eintritt in den Dogenpalast, in drei weitere Museen am Markusplatz, drei Kirchen deiner Wahl und das Museo Querini Stampalia. Verschiedene teurere Varianten schließen mehr Museen ein, die Benutzung der Vaporetti, den Flughafentransfer und das Wifi-Netz der Stadt. Hinzubuchen kann man auch Parktickets und geführte Touren.

Infos unter veneziaunica.it

ÖPNV-LAGUNENFAHRT

Mit der Vaporettolinie 14 schipperst du zum ÖPNV-Tarif von San Zaccaria am Markusplatz bis zur Endstation Punta Sabbioni – bei klarem Wetter mit schönster Sicht auf die Inseln Lido und Sant'Erasmo. Mit Gondelfähren, sogenannten *traghetti*, kannst du als Spaziergänger für 2 Euro über den Canal Grande übersetzen; Haltestellen sind San Marcuola, bei Santa Sofia neben der Ca' d'Oro, an der Riva del Carbon neben der Rialtobrücke, bei San Tomà, zwischen San Samuele und Ca' Rezzonico sowie bei Santa Maria del Giglio.

Infos unter actv.avmspa.it

EINTRITTSPREISE

Die Bedingungen für ermäßigte Eintritte sind sehr unterschiedlich. Oft haben EU-Bürger unter 18 Jahren freien und 18- bis 25-Jährige ermäßigten Eintritt. Hab am besten immer einen Ausweis dabei und frag nach, es lohnt sich.

MUSEUMSPÄSSE

Alle vier Museen an der Piazza San Marco kannst du mit einem Kombiticket, dem Pass I Musei di Piazza San Marco für 25 Euro (wenn du online mindestens 30 Tage vorab buchst) bzw. vor Ort für 30 Euro preiswert erkunden. Der Museum Pass für 41 Euro schließt zusätzlich alle städtischen Museen mit Ausnahme des Uhrturms und des Palazzo Fortuny ein. Die MUVE Friend Card Blu für 50 Euro (MUVE Friend Card Rosso für 30 Euro für alle unter 27) bietet freien Eintritt in die Museen am Markusplatz sowie fast alle städtischen Museen.

Infos unter veneziaunica.it. bzw. visitmuve.it

WAS KOSTET WIE VIEL?

Vaporetto 9,50 Euro
für eine Einzelfahrt

Gondel 80–160 Euro
je nach Tageszeit für eine 30-Min.-Fahrt

Imbiss ab 3 Euro
für ein belegtes panino *an der Bar*

Wein 2 Euro
für ein Glas einfachen Hauswein

Espresso 1,20–1,70 Euro
für eine Tasse im Stehen an der Bar

NIZZA
& DIE CÔTE D'AZUR

Morgens Küste, mittags Berge – warum eigentlich nicht? Die Seealpen ragen direkt hinter Nizza in den Himmel, vor der Küste leuchtet in hellem Türkis das Meer. Dazu rot die Dächer, ockergelb die Häuser und kunterbunt die Märkte – wie ein Regenbogen! Das mediterrane Licht lässt die Farben intensiver leuchten als anderswo. Und das an über 300 Sonnentagen im Jahr. Marktbesuche, Wellenrauschen auf den Kieseln, laue Abende in den Altstadtbars – hier treibt man durch den Tag. Fahr unbedingt auch nach Antibes, Cannes und Monaco. Und das alles für wenig Geld: Hier erfährst du, wie.

Alter Fischerhafen, Nizza

DIE BESTEN SEHENSWÜRD

Das solltest du nicht verpassen … Eintritt nicht immer den Geldbeutel sch… würdigkeiten gehören zu Nizza und der Côte d'Azur einfa…

BOULEVARD DE LA CROISETTE

Palmen, Hotelpaläste, Strandbars. Cannes' Promenade erfüllt alle Vorstellungen von der Côte d'Azur.

Cannes | Bus: z. B. La Roseraie, Miramar oder Gray d'Albion

RUE DROITE

Heute enge Altstadtgasse mit Galerien, Bars und Restaurants. Früher Adelsadresse und Verbindung zwischen den Stadttoren.

Nizza | Bus, Tramway: Cathédrale

VILLA ET JARDINS EPHRUSSI DE ROTHSCHILD

Eine herrschaftliche Villa am Cap Ferrat, umgeben von herrlichen Gärten.

Eintritt 14 Euro | 1, Av. Ephrussi de Rothschild, Saint-Jean-Cap-Ferrat | villa-ephrussi.com | Bus: Passable/Rothschild

BOULEVARD DE LA CROISETTE

Palmen, Hotelpaläste, Strandbars. Cannes' Promenade erfüllt alle Vorstellungen von der Côte d'Azur.

Cannes | Bus: z. B. La Roseraie, Miramar oder Gray d'Albion

MUSEE D'ART MODERNE ET D'ART CONTEMPORAIN

Das Blau von Yves Klein, die Schreibschrift von Ben, gepresste Autowracks von César: Kunst des 20. Jhs. im MAMAC.

Eintritt 10 Euro | Place Yves Klein, Nizza | mamac-nice.org | Tramway: Garibaldi

LE PALAIS PRINCIER

Das Wahrzeichen Monacos, die Residenz der Fürstenfamilie Grimaldi.

Kostenlos bestaunen: die tägliche Wachablösung um 11:55 Uhr vor dem Palast

Eintritt 10 Euro (Tickets online reservierbar) | Monaco | palais.mc | Bus: Place d'Armes

10 x Nizza & Côte d'Azur

COLLINE DU CHÂTEAU

Nizza von oben? Die beste Aussicht findest du, wenn du die ca. 370 Stufen erklimmst. Oder den Aufzug durch den lahmgelegten Wasserschacht besteigst.

Kostenloser Aufzug!

Eintritt inkl. Aufzug frei | Aufzug und Treppenaufgang: Mnt Lesage, Nizza

MUSÉE PICASSO

245 Werke des spanischen Meisters im schönsten Gebäude von Antibes, dem Schloss Grimaldi.

1. Di–So nach dem 1. Nov., 1. Di–So im Februar Eintritt frei

Eintritt 8 Euro, Kombiticket mit städtischen Museen 10 Euro, mit Fondation Hans Hartung und Anna-Eva Bergman 13 Euro | Château Grimaldi, Place Mariejol, Antibes | Bus: Antibes/Pôle d'Echanges

FONDATION MAEGHT

Kunstschätze im Hinterland. Werke von Bonnard, Chagall, Giacometti, Léger und Miró sind in Saint-Paul-de-Vence versammelt.

Eintritt 16 Euro | 623, Chemin des Gardettes, Saint-Paul-de-Vence | fondation-maeght.com | Bus: Fondation Maeght

COURS SALEYA

Nizzas Platz der Plätze – und Märkte mit Blumen, Gemüse, Oliven ...

Nizza | Tramway: Opéra

MUSÉE NATIONAL MARC CHAGALL

Chagalls Vermächtnis an Nizza in einem eigenen Museum: Seine biblische Botschaft steckt voller Farben, Formen und Licht.

1. So im Monat Eintritt frei

Eintritt je nach Ausstellung ab 8 Euro | Av. du Docteur Ménard, Nizza | musee-chagall.fr | Bus: Musée Chagall

Fürstenpalast in Monaco

MEHR ERLEBEN

Maison de la Mobilité, Cannes

Ein Tag an der Côte d'Azur beginnt natürlich mit *café au lait* und *pain au chocolat*. Anschließend springst du kurz ins Meer und dann nimmst du dir vielleicht ein paar dieser Tipps und Anregungen vor.

KIRCHE MIT AUSSICHT

In der Kirche des sonst nicht zugänglichen Klosters kannst du drei Hauptwerke aus dem 15./16. Jh. von Louis Bréa sehen, u. a. ein Vesperbild. Auf dem Friedhof ist der Maler Henri Matisse beigesetzt, im mediterranen Klostergarten blüht und grünt es und du hast einen weiten Blick über Nizza und die Baie des Anges.

ÉGLISE & JARDIN MONASTÈRE NOTRE-DAME-DE-CIMIEZ €

Eintritt frei | Place du Monastère, Nizza | Bus: Arènes/Musée Matisse oder Monastère

KINOLEGENDEN IN XXL

Cannes ist Filmfestivalstadt. 15 Fresken über die Stadt verteilt verzieren Fassaden – Marilyn Monroe und James Dean in Übergrößen. Ein kostenloser Flyer begleitet diese besondere Stadttour.

LES MUR PEINTS €

Cannes | Infos unter cannes-france.com/que-faire/cinema/murs-peints

EIN STÜCK JAPAN

Vermächtnis von Fürstin Gracia Patricia: Nach ihren Wünschen wurde dieser japanische Garten realisiert. Eine von den Shinto-Prinzipien bestimmte, 7000 m² große Oase der Ruhe.

JARDIN JAPONAIS €

Eintritt frei | Av. Princesse Grace, Monaco | Bus: Portier

Feuerwerk in Cannes

Augen-schmaus

BAROCK VOM FEINSTEN

Von außen unauffällig, von innen ein Fest für alle Barock-Fans mit üppigem Stuck und Fresken, Altar und Balustraden aus Marmor: Nizzas Kathedrale. Besonders stimmungsvoll ist es bei einem der regelmäßig stattfindenden Konzerte.

CATHÉDRALE SAINTE-RÉPARATE
Eintritt frei | Place Rossetti, Nizza | cathedrale-nice.fr | Tramway: Cathédrale

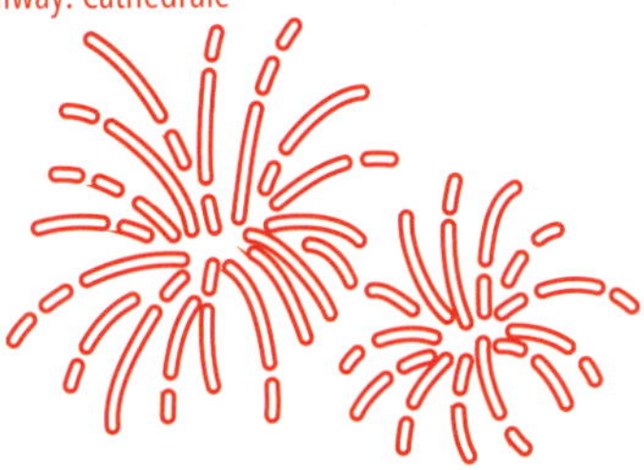

FEUX D'ARTIFICE

Einzigartiges Feuerwerksspektakel in der Bucht von Cannes – an sechs Abenden gibt es Feuerwerk. Dazu ein Picknick am Strand!

FESTIVAL D'ART PYROTECHNIQUE DE CANNES
Eintritt frei | Mitte Juli–Mitte Aug. | Bd. de Croisette, Cannes | Infos unter festival-pyrotechnique-cannes.com | Bus: Gare de Cannes

KLEINE RADTOUR GEFÄLLIG?

12 km am Meer entlang radeln, vom Hafen in Nizza bis nach Cagnes-sur-Mer. Geht's schöner? Nimm dir eines der blauen Fahrräder von Vélo Bleu (s. S. 223), die überall an der Promenade zum Verleih angeboten werden.

Start: z. B. Station Vélo Bleu Nr. 75, 32 Bd. Stalingrad, Nizza | Tramway, Bus: Port Lympia

MUSIKALISCHES FORT

Fort mit Kapelle, Küche, Schlafsaal etc. aus dem 16. Jh. auf der Halbinsel Saint-Roch. Im Park kannst du einen Spaziergang machen – oder die Aussicht auf Antibes und die Umgebung genießen. Im Juni/Juli rockt es hier richtig, wenn das Festival Nuits Carrées (nuitscarrees.com) tobt.

FORT CARRÉ
Eintritt 3 Euro | Av. du 11 Novembre, Antibes | Bus: Fort Carré

ESSEN & TRINKEN

Eis an der Côte d'Azur

Essen gehen will an der Côte d'Azur wohlüberlegt sein, denn das kann finanziell ganz schön reinhauen. Zum Glück gibt es allerorten leckere Snacks für wenig Geld, wie *pissaladière*, *pain bagnat* und natürlich Pizza.

FISCHBRÖTCHEN NIÇOISES

Nur ein kleines, unscheinbares Imbissbüdchen, aber günstig und köstlich: *pan bagnat*, für viele das beste der Stadt! Die Strandbucht an der La Réserve ist nicht weit – und idealer Platz, um den Nizza-typischen Snack zu genießen.

LA GRATTA

2, Bd. Franck Pilatte, Nizza | Bus: Bleu Rivage

KLEINE ITALIEN-OASE

Insider-Tipp Spezialität des Hauses: eine Pizza in Herzform. Ivan, echter und gelernter Pizzameister, backt sie in seinem Steinofen perfekt. Der Lokalname verpflichtet eben.

LES AMOUREUX

1, Rue Bavastro, Nizza | facebook.com/people/Les-Amoureux-Nice | Bus: Max Barel

SUPER EISDIELE

Das Tollste an einem heißen Sommertag? Klar, ein großes Eis. Noch besser: in einer frisch zubereiteten Waffel. Egal was du reinpackst: Alles schmeckt fruchtig-cremig-lecker.

GELATERIA AZZURO

1, Rue St. Réparate, Nizza | facebook.com/AzzurroArtisanGlacier | Tramway: Opéra

CRÊPES, CRÊPES, CRÊPES

Zur Auswahl stehen dir 76 Crêpes von salzig bis süß oder die herzhaften Varianten aus Buchweizenmehl (*galettes*). Dazu gibt es einen kühlen Cidre. **Insider-Tipp** Auch wenn es komisch klingt – sehr gerne wird die Galette mit einem Spiegelei drauf bestellt.

CRÊPERIE DU PORT
22, Rue Thuret, Antibes | facebook.com/CreperieDuPortAntibes | Bus: Antibes/Pôle d'échanges

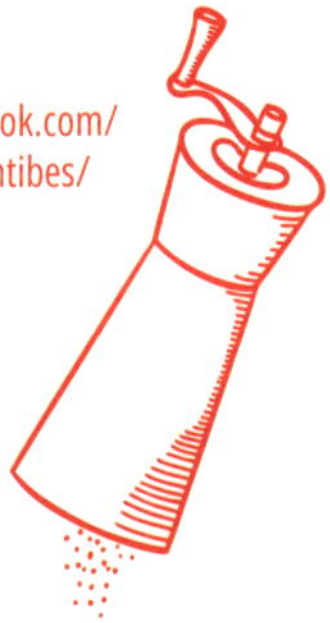

GÜNSTIGES NASS

Wenn es nicht unbedingt Markenwasser sein muss, bestell dir zum Essen eine *carafe d'eau* (Leitungswasser) – das ist in Frankreich üblich.

AUTHENTISCH

Einfacher Gastraum mit schöner Terrasse etwas abseits vom Zentrum. Es gibt echte *cuisine niçoise: pissaladière, raviolis niçois*, Stockfisch und, und, und.

BRASSERIE DE L'UNION
1, Rue Michelet, Nizza | unionrestaurant.fr | Tramway: Valrose Université

DAS ALTE CANNES SPÜREN

Seit 1935 isst man hier bodenständige, lokale Gerichte. Abends gibt es ein Drei-Gänge-Menü für 37 Euro (Getränke zahlst du extra).

AUX BONS ENFANTS
80, Rue Meynadier, Cannes | aux-bons-enfants-cannes.com | Bus: Marché Forville

PREISWERTE MENÜS

Der Restauranteingang ist gesäumt von Obst und Gemüse, Holzstühle in Blau und Grün, das Essen italienisch. Ein Mittagsmenü aus Antipasti und frischer Pasta gibt es schon für 19 Euro (Abendmenü 45 Euro).

IL TERRAZZINO
2, Rue des Iris, Monaco | il-terrazzino.com | Bus: Cremaillere

LEIDENSCHAFT: BIER

Immense Auswahl: Bis zu 20 Biere vom Fass machen die Wahl schwer. Die kannst du dir übrigens auch abfüllen lassen und mitnehmen. Für den kleinen Hunger bekommst du Snacks.

BOART
13, Rue Saint Philippe, Nizza | boart-shop.fr | Tramway: Centre Universitaire Méditerranéen

Pan bagnat, Sandwich mit Thunfisch

SHOPPEN

Marché Provençal, Antibes

Die Provence bietet tolle mediterrane Lebensmittel, von Obst über Honig bis Wein. Grasse, im Hinterland von Nizza, ist zudem das Zentrum der französischen Parfumproduktion.

PROVENÇALISCH

Neben frischem Obst und Gemüse gibt es auf dem Markt in Antibes Kräuter, Honig, getrocknete Tomaten, Seifen und alles, was nach Süden duftet.

MARCHÉ PROVENÇAL
Di–So 6–13 Uhr | Cours Masséna, Antibes | Bus: Antibes/Pôle d'Echanges

#ILOVENICE

Nizza-Accessoires wie Tassen, T-Shirts, Brillenetuis, Stifte und Blöcke gibt es in dieser Boutique im Shoppingcenter Nicetoil.

LA MAISON DE NICE
30, Av. Jean Médecin, Nizza | nicetoile.com | Tramway: Jean Médecin

OLIVENORIENTIERT

Alles rund um die Olive: von Olivenseife und -creme bis hin zu ausgefallenen Olivenölsorten – inklusive Degustation.

À L'OLIVIER
7, Rue Saint-François de Paule, Nizza | alolivier.com | Tramway, Bus: Opéra

WEININSTITUTION

Lass dir ein leere Flasche mit Hauswein füllen. Der wird in Rot, Weiß oder Rosé durch einen Schlauch aus dem Keller nach oben gepumpt. Ein Liter *vin à la tireuse* kostet 2,80 Euro.

CAVES CAPRIOGLIO
16, Rue de la Préfecture, Nizza | caprioglio.fr | Tramway, Bus: Opéra

SCHÖNER SCHMUCK

Schmuck zu moderaten Preisen made in Cannes, inspiriert von zahllosen Reisen durch die ganze Welt. So entstanden die zeitlosen Armbänder, Ringe und Halsketten.

LUCKYTEAM
124, Rue d'Antibes, Cannes | luckyteam.fr | Bus: Commandant Vidal 9, Rue Alexandre Mari, Nizza | Tramway, Bus: Opéra

GUT ZU WISSEN

FRENCH RIVIERA PASS

Für „Kultur geballt" lohnt sich der French Riviera Pass. Zur Wahl stehen 24-, 48- und 72-Std.-Tickets (28, 40 und 59 Euro). Umsonst gibt es dafür Eintritte in verschiedene Museen in Nizza, Antibes, Biot, Cagnes-sur-Mer und Monaco, Führungen und unbegrenzte Nutzung des Panoramabusses.

Diverse Orte | Infos unter frenchrivierapass.com

PASS MUSÉE DE NICE

Mit dem Pass Musée de Nice für 15 Euro, den du direkt in den 11 städtischen Museen oder online erstehst, kannst du dich auf einen wahren Museumsmarathon begeben und in vier Tagen 10 Museen besichtigen.

Nizza | Infos unter billetterie-museesnice.tickeasy.com

FAHRRAD LEIHEN

An 175 Stationen in Nizza bietet Vélobleu 1750 Fahrräder zum Verleih an. An jeder Station steht ein Automat, an dem man sich anmeldet, das Fahrrad ausleiht und gleich in die Pedale steigt. Stationen z. B.: Quai des Etats-Unis, Palais de Justice, Gare Routière, mehrere auf der Promenade des Anglais.

3 Euro Anmeldegebühr, Fahrrad erste 30 Min. gratis, 2 Euro jede weitere Stunde | Nizza | Infos unter velobleu.org

PARK & RIDE

Das Park-&-Ride-System ermöglicht es, ganz aufs Auto zu verzichten. Beim Kauf eines Tramtickets ist das Parkhaus kostenlos (Einzelticket ab 1,50 Euro). Aber Achtung: Geeignet nur für einen Tagesausflug, denn das Auto muss nachts, wenn das Parkhaus schließt, weggefahren werden.

lignesdazur.com/en/parc-relais

HAFENRUNDFAHRT

Wenn du jetzt Kreuzfahrerluft schnuppern möchtest – nur zu: Mit Lou Passagin kannst du kostenlos von der einen Hafenseite zur anderen fahren. An eine alte Tradition anknüpfend, schippern Studenten dich in den Sommermonaten in einem kleinen Boot durch den Hafen – einfach nur zum Spaß oder um den Leuten ein wenig Fußweg zu ersparen!

FÄHRE LOU PASSAGIN

Port Lympia | Abfahrten ab Darse Charles Felix und Quai d'Entrecasteaux, Nizza | Infos unter cotedazurfrance.fr/offres/lou-passagin-nice-fr

WAS KOSTET WIE VIEL?

Kaffee 2,50 Euro
für einen Espresso

Souvenir 4 Euro
für 50 g Herbes de Provence

Taxi 35 Euro
für die Fahrt vom Flughafen ins Zentrum von Nizza

Pan bagnat 5,50 Euro
für das mit salade niçoise *gefüllte Brötchen*

Aperitif 5,50 Euro
für einen Pastis

Strandliege ab 20 Euro
pro Tag in der Hochsaison

Vicky Cristina ...

BARCELONA

Ob Chillen auf der Plaça, Sundowner am Strand, Kulturtempel oder coole Kneipe, Sightseeing oder Shopping: In Barcelona wird dir garantiert nicht langweilig. Auch wenn jeder ständig etwas vorhat, bleibt immer Zeit für einen Espresso oder Drink – mediterrane Gelassenheit pur. Cafés und Bars gibt es an jeder Ecke, dazu spannende Museen und abgefahrene Locations, die sich manchmal hinter meterdicken mittelalterlichen Mauern verstecken. Vor allem in der Barri Gòtic sind Historisches und Aktuelles wunderbar vermixt. Unternehme viel ohne großes Budget!

Promenade und Strand in La Barceloneta

DIE BESTEN SEHENSWÜRDIGKEITEN

Das solltest du nicht verpassen! Auch wenn der eine oder andere Eintritt nicht immer den Geldbeutel schont, diese Sehenswürdigkeiten gehören zu Barcelona einfach dazu!

PALAU DE LA MÚSICA CATALANA

Modernisme-Architekt Lluis Domènech i Montaner hat aus dem Vollen geschöpft.

Eintritt 20 Euro | C/ Palau de la Música, 4–6 | palaumusica.cat | Metro: Urquinaona

LA RAMBLA

Freilichtbühne für Flaneure, Touristen und Taschendiebe – der ganz eigene Charme der prominentesten Promenade Barcelonas.

Metro: Drassanes, Liceu oder Catalunya

MUSEU PICASSO

Beeindruckende Sammlung des genialen Malers in mittelalterlichen Mauern – mit hervorragenden Sonderausstellungen.

Do Abend und 1. So im Monat Eintritt frei

Eintritt ab 6,50 Euro (online) | C/ de Montcada 15–23 | museupicasso.bcn.es | Metro: Jaume I

BARRI GÒTIC

Die verwinkelte Altstadt versetzt Besucher zurück ins Mittelalter.

Metro: Liceu oder Jaume I

MERCAT DE SANT JOSEP

Der „Bauch Barcelonas", auch Mercat de la Boqueria genannt, gilt aus gutem Grund als schönste Markthalle.

Rambla St. Josep | boqueria.barcelona | Metro: Liceu

10 x Barcelona

MUSEU NACIONAL D'ART DE CATALUNYA

Von Fresken bis Fotografie: Die Kunstsammlung ist einzigartig.

€ Eintritt am 1. So im Monat, Sa ab 15 Uhr frei

Eintritt 12 Euro | Palau Nacional | museunacional.cat | Metro: Espanya

CAMP NOU

Beeindruckendes Stadion des Clubs, der für Barcelona viel mehr ist als ein Verein.

C/ d'Arístides Maillol, 12 | fcbarcelona.com | Metro: Collblanc

SAGRADA FAMÍLIA

Gaudís große Unvollendete ist Barcelonas berühmteste Baustelle.

C/ d'Olot | parkguell.cat | Metro: Lesseps (längerer Fußweg mit Steigung), Bus: Park Güell (direkt am Park)

CASA MILÀ

Das verrückteste Mietshaus der Stadt setzte neue Maßstäbe beim Wohnungsbau. Näher kommst du dem Genie Gaudís nirgends.

Eintritt ab 25 Euro | Passeig de Gràcia 92 | lapedrera.com | Metro: Diagonal

PARK GÜELL

Drachen, Schmetterlinge, Schlangen und zauberhafte Grotten: Als Plus bietet Gaudís hängender Märchengarten noch einen großartigen Blick über die Stadt.

€ Park größtenteils kostenlos zugänglich

C/ d'Olot | parkguell.cat | Metro: Lesseps (längerer Fußweg mit Steigung), Bus: Park Güell (direkt am Park)

Placa del Rei

MEHR ERLEBEN

Hospital de Sant Pau

Seit der Umgestaltung der Stadt zu den Olympischen Spielen 1992 ist Barcelona für viele ein Sehnsuchtsziel. Auf ehemaligen Industriebrachen entstanden moderne urbane Räume voller Leben, die es zu entdecken gilt. Und das Meer ist auch nie weit.

JUWEL DES JUGENDSTILS

Das für damalige Verhältnisse (Anfang des 20. Jhs.) absolut revolutionäre Krankenhaus ist einzigartig. Patienten wurden im Park in 26 prächtigen Pavillons untergebracht, Flure und Diensträume unterirdisch versteckt. Mit ihren keramikgefliesten bunten Dächern und Türmchen ist die Anlage eines der größten und schönsten Jugendstilmonumente weltweit.

HOSPITAL DE SANT PAU

Eintritt 14 Euro, 1. So im Monat frei | Sant Antoni Maria Claret, 167–171 | santpaubarcelona.org | Metro: Hospital de Sant Pau

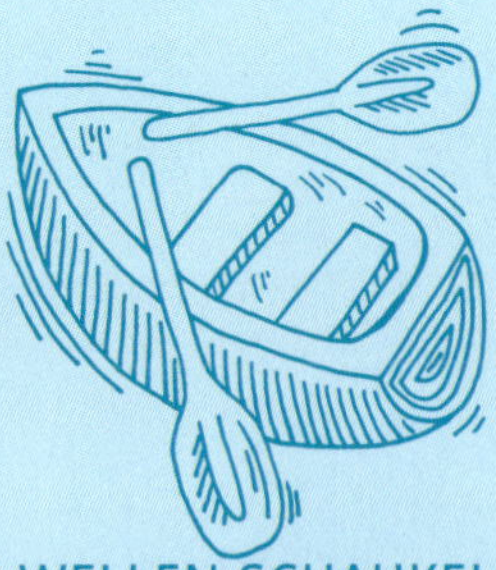

AUF DEN WELLEN SCHAUKELN

Wenn du keine Lust mehr auf Sightseeing hast: Wie wäre es mit einer Hafenrundfahrt über 40 Minuten auf einer der gemütlichen Golondrinas-Barkassen?

GOLONDRINAS

Ticket 7 Euro (Tour „Barcelona Port 40") | Port de Barcelona, Moll de les Drassanes, s/n | lasgolondrinas.com | Metro, Busse: Drassanes

DIE STADT VON OBEN

Der zur Olympiade von 1992 errichtete Fernsehturm auf dem Tibidabo ist ein Werk des Stararchitekten Sir Norman Foster. Von oben hast du einen fabelhaften Rundblick (bei guter Sicht 70 km weit) über die Stadt hinaus. Ein Glaslift fährt in atemberaubender Geschwindigkeit auf die 115 m hohe Aussichtsplattform.

TORRE DE COLLSEROLA (FERNSEHTURM)
Eintritt 5,60 Euro | Ctra. de Vallvidrera al Tibidabo | torredecollserola.com | Nahverkehrszug FGC: Peu de Funicular, dann Kabinenbahn Funicular Vallvidrera

STRANDPICKNICK

In lauen Sommernächten ein Picknick am Strand zu machen kostet nicht mehr als der Einkauf. Die ersten Strandabschnitte zwischen Barceloneta und Vila Olímpica sind meist überlaufen, weiter stadtauswärts in Richtung Forum wird es ruhiger.

Metro: Vila Olímpica, Bogatell oder Llacuna

KUNST IN VIELEN FACETTEN

Beuys in der Jugendstilfabrik: Neben einer der bedeutendsten Sammlungen zeitgenössischer Kunst in Europa erwarten dich für wenig Eintritt im modernistischen Prachtbau hochkarätige Wechselausstellungen und facettenreiche Veranstaltungen.

CAIXAFORUM
Eintritt 6 Euro | Av. Marquès de Comillas, 6–8 | fundacio.lacaixa.es | Metro: Espanya

CaixaForum

UMSONST & DRAUSSEN

Nächte auf dem Gipfel des Montjuïc: Genieße Jazz, elektronische Musik, Tango, Salsa oder afrikanische Rhythmen unter freiem Himmel hoch über der Stadt, mit atemberaubendem Blick auf Meer und Metropole. Das unvergessliche Erlebnis kostet dich keinen Cent!

NITS DELS CIMS DE MONTJUÏC
Eintritt frei | Juni–Sept. | Av. Miramar, am Mirador de l'Alcalde | facebook.com/montjuic.bcn | Metro: Espanya, weiter zu Fuß oder mit Bus; Metro: Parallel, weiter per Stand- und Drahtseilbahn bis Plaça Sardana

ESSEN & TRINKEN

Tapasbar

Für Touris mit nicht ganz so dickem Geldbeutel ist Barcelona ein Traumziel. In den meisten Bars bekommst du Tapas, leckere Häppchen, die du bei ein paar Bierchen genießen kannst. Und die Bierchen sind nicht nur günstig, sondern auch noch gut.

FAMILIÄR & LECKER

Wirt Josemi, eigentlich Journalist, und sein Bruder Ibra, Informatiker, wagten mit Anfang 50 den Neustart. Inzwischen gelten ihre Empanadas, würzig gefüllte Teigfladen, als die besten der Stadt, auch die Paella hat einen eingeschworenen Fanclub. Mit etwas Glück kommen Gäste in den Genuss eines Gratiskonzerts: Ibras Tochter singt ausgezeichnet Flamenco, Rumba und anderes.

CLUB DE L'EMPANADA

C/ Dagueria, 7 | clubdelaempanada.com | Metro: Jaume I

GÜNSTIG & AUTHENTISCH

In die kleine, rustikale Bar mit ihren Keramikkacheln und Resopaltischen kommen Anwohner aus dem Viertel genauso gern wie Touristen auf der Suche nach authentischem Ambiente. Arm wird hier außerdem so schnell keiner: Ein Glas Wein bekommst du schon für rund 2 Euro.

BAR LA PLATA

C/ de la Mercé, 28 | barlaplata.com | Metro: Jaume I

BODENSTÄNDIG & GUT

Traditionelle katalanische Hausmannskost mit einem unschlagbaren Preis-Leistungs-Verhältnis: Fast alle Gerichte kosten weniger als 5 Euro. Der Familienbetrieb ist fast immer rappelvoll, reserviert wird nicht. Doch wer ein paar Brocken Spanisch oder Katalanisch spricht, hat gute Chancen, die resolute Wirtin zu bezirzen und dennoch einen Platz zu ergattern.

GELIDA
C/ de la Diputació, 133 | Metro: Urgell

FRISCHER FISCH

Gemütlich, gut und günstig, bekannt für fangfrisches Meeresgetier direkt vom Kutter angeliefert, einfach und mit Liebe zubereitet. Die Fischportionen sind reichlich bemessen, die Beilagen werden extra bestellt, Kartoffeln, Gemüse oder Salat. Mittags gibt es auch eine Suppe und ein Tellergericht mit Linsen oder anderen Hülsenfrüchten im Angebot.

CAN MAÑO
C/ del Baluard, 12 | Metro: Barceloneta

KREATIV & BELIEBT

Mit Spiegeln, Marmortischen und 1920er-Jahre-Deko ist das Lokal im Stil französischer Bistros eingerichtet. Gute Küche, mediterran und marktfrisch. Um die Mittagszeit ist es immer rappelvoll, denn das preisgünstige Mittagsmenü ist sehr beliebt!

EN VILLE
C/ del Doctor Dou, 14 | envillebarcelona.es | Metro: Catalunya

Ideal für mittags!

Tradtionelle Paella

BARKLASSIKER IN GRÀCIA

So könnte es im Wohnzimmer eines Designers und Flohmarktfreaks aussehen: Das Chatelet ist eine der beliebtesten Bars des Gràcia-Viertels, unprätentiös eingerichtet mit einem Touch von Boheme. Es gibt nicht nur gute Mojitos, sondern auch eine Speisekarte mit Kleinigkeiten wie Panini.

CHATELET
Torrijos, 54 | facebook.com/p/Chatelet-Bar | Metro: Fontana

SHOPPEN

Hübsche Keramik in einem Souvenirladen

Günstige spanische Modemarken wie Zara, Mango & Co. haben die Schaufenster weltweit erobert. Auf der Rambla, Barcelonas berühmtester Straße, findest du sie mehrfach. Aber es gibt noch mehr zu entdecken, schau mal:

TOLLE MITBRINGSEL

Du brauchst noch ein Mitbringsel? Muy Mucho bietet eine große Auswahl an zeitgemäß gestylten günstigen Geschenkartikeln und Dekorationsobjekten – vom Bilderrahmen über Keramik bis hin zu Tischdecken, Schmuck und nettem Schnickschnack.

MUY MUCHO
Laden u. a. Rambla Catalunya, 35 | muymucho.es | Metro: Passeig de Gràcia

SCHRILLE KLAMOTTEN

Patchworkklamotten mit den verrücktesten Stoff- und Farbkombinationen! Bis zu 50 % sparst du im Outlet. Mehrere Filialen.

DESIGUAL
desigual.com

RIESIGER FLOHMARKT

Einen unbekannten Picasso wirst du vermutlich nicht finden, dafür aber jede Menge Krimskrams zum Schnäppchenpreis. Barcelonas größter und ältester Floh- und Trödelmarkt findet auf mehreren Etagen unter einem riesigen Dach statt.

MERCAT DELS ENCANTS
Av. Meridiana, 69, an der Plaça de les Glòries | encantsbcn.com | Metro: Glòries oder Encants

MODE FÜR WENIG GELD

Egal ob Scarlett Johansson oder Kendall Jenner: Die Schönheiten dieser Welt halten gern ihr Gesicht für die spanische Modekette in die Kamera. Im innerstädtischen Outlet gibt's die schicken Teile spektakulär günstig.

MANGO OUTLET
C/ Girona, 37 | mangoshop.com | Metro: Urquinaona

GUT ZU WISSEN

TICKETS

An der Kasse des Palau Virreina gibt es für Veranstaltungen am gleichen Tag Tickets zum halben Preis (ab drei Stunden vor Vorstellungsbeginn). Achtung: Kreditkarten werden nicht angenommen!

TIQUET RAMBLES/PALAU VIRREINA
Rambla, 99 | Tel. 9 33 16 11 11 | Metro: Liceu

STADTFÜHRUNG

Du möchtest in kurzer Zeit möglichst viel von Barcelonas Altstadt sehen und dazu etwas über Land und Leute erfahren? Dann bietet sich einer der geführten Stadtspaziergänge an: Du sparst dabei nicht nur Zeit, sondern auch Geld – die zweistündigen Touren in englischer Sprache sind gratis!.

WALKING TOURS
Buchung und Infos unter freetour.com

BARCELONA CARD

Mit der Barcelona Card fährt man gratis mit Metro, Bus, Vorortbahn FGC, Straßenbahn sowie mit der Bahn zum Flughafen. Dazu kommen freie Eintritte in verschiedene Museen und Kultureinrichtungen sowie Ermäßigungen (bis zu 50 %) für weitere Museen, Geschäfte, Restaurants, Bars und Touren. Erhältlich an den Flughafenterminals, beim Fremdenverkehrsamt oder online mit 10 % Rabatt.

Infos unter www.barcelonacard.org/de

FAHRRAD LEIHEN

Der Laden liegt ein wenig abseits, in einer verwinkelten Altstadtgasse des Gotischen Viertels, aber du wirst für deine eventuellen Mühen belohnt: Wer den Weg findet, kann eines der 3-Gang-Räder für 2,50 Euro pro Stunde mieten, einen Tag für 12,50 Euro und zwei Tage für 22,50 Euro. Schloss, Licht, Helm und Kindersitz inklusive. Günstiger geht es wirklich kaum.

GREEN BIKES BARCELONA
Fahrrad ab 12,50 Euro/Tag | Escudellers, 48 | greenbikesbarcelona.com | Metro: Drassanes

WAS KOSTET WIE VIEL?

Kaffee 1,60 Euro
für einen café con leche

Schuhe ab 11 Euro
für Leinenschuhe

Wein 6–9 Euro
für 0,7 l Hauswein

Kino ab 8,50 Euro
für ein Ticket

Snack 4,50 Euro
für eine Portion patatas bravas

Taxi ab 1,23 Euro
pro Kilometer

Ein Traum von einer Stadt

PORTO

Porto ist wahrlich ein Genuss – egal ob du gerade einen süffigen Portwein trinkst, eine in würziger Sauce schwimmende *francesinha* isst oder die herrlichen Aussichten und die aufregende Architektur bewunderst. Das Schöne ist: Auch die Portuenser genießen ihre Stadt. Tu es ihnen gleich, gesell dich zu ihnen, flanier am Fluss- oder Atlantikufer entlang oder setz dich auf den romantischen Passeio das Virtudes und schau verliebt auf den goldenen Douro! Und das alles, ohne dein Reisebudget übermäßig zu strapazieren.

Praca de Lisboa

DIE BESTEN SEHENSWÜRDIGKEITEN

Das solltest du nicht verpassen! Auch wenn der eine oder andere Eintritt nicht immer den Geldbeutel schont, diese Sehenswürdigkeiten gehören zu Porto einfach dazu!

RIBEIRA

Postkartenromantik pur an der Uferfront mit all den bunten Häusern und den kleinen Lokalen. Dahinter verbirgt sich ein mittelalterliches Gassenviertel.

Bus: Ribeira

PORTWEINKELLEREIEN

In den langen, steinernen Lagern in Vila Nova da Gaia schlummert in uralten Fässern das flüssige Gold der Region: der Portwein. Anschauen und probieren!

Führungen je nach Anbieter ab 15 Euro/ Person inkl. Verkostung | Vila Nova da Gaia | Metro: Jardim do Morro

MERCADO DO BOLHÃO

Die Traditionsmarkthalle erstrahlt nach jahrelanger Renovierung in neuem Glanz.

Rua Formosa | mercadobolhao.pt | Metro: Bolhão

SÉ DO PORTO

Portos Kathedrale erzählt 900 Jahre Kirchengeschichte: von der Romanik des 12. Jhs. über die Gotik des 14. und den Barock des 18. Jhs. bis in die heutige Zeit.

Eintritt 4 Euro, Kombiticket mit Bischofspalast 6 Euro | Terreiro da Sé | diocese-porto.pt/pt/catedral-do-porto | Metro: São Bento

PONTE DOM LUÍS I

Die doppelstöckige Eisenbrücke von 1886 ist das wohl berühmteste Postkartenmotiv Portos.

Bus: Elevador Guindais

10 x Porto

TORRE DOS CLÉRIGOS

Ein erster Überblick? Steig auf den Turm der gleichnamigen Kirche und schau dir die ganze Stadt von oben an!

Eintritt in die Kirche frei, mittags kostenlose Orgelkonzerte

Turm abends 5 Euro, sonst 8 Euro (Turm und Museum) | Rua São Filipe de Nery | torredosclerigos.pt | Tram: Clérigos

ESTAÇÃO DE SÃO BENTO

So eine Bahnhofshalle sieht man nicht alle Tage: 20 000 Fliesen erzählen blau-weiße und bunte Geschichten, während die Züge in den Fels verschwinden.

Praça de Almeida Garrett | Metro: São Bento

PARQUE DE SERRALVES

Eine spannende Kulturwelt mit großartiger Architektur und reichlich zeitgenössischer Kunst.

Eintritt 13 Euro (Park und Baumwipfelpfad oder 1 Museum), Eintritt 20 Euro (Park, Baumwipfelpfad und alle 3 Museen) | Rua Dom João de Castro 210 | serralves.pt | Bus: Serralves

PALÁCIO DA BOLSA

Ein Hauch von Alhambra weht durch den üppigen Börsenpalast – die Mitglieder der Handelskammer waren im 19. Jh. schön spendabel.

Eintritt 12 Euro (nur mit Führung) | Ruade Ferreira Borges | palaciodabolsa.com | Tram: Infante

JARDINS DO PALÁCIO DE CRISTAL

Eine romantische Gartenoase mit Kultureinrichtungen und Traumblicken über den Fluss.

Eintritt frei

Rua Dom Manuel II | Bus: Palácio

Douro und Ponte Dom Luis I

MEHR ERLEBEN

Botanischer Garten

Die Altstadt von Porto kann man getrost als Gesamtkunstwerk bezeichnen. Wer braucht da noch Sehenswürdigkeiten? Die gute Antwort: Es gibt jede Menge davon!

BIODIVERSITÄT

Botanischer Garten mit alten Baumriesen, thematischen Gärten und einer beeindruckenden Kakteensammlung. Die Galeria da Biodiversidade zeigt interaktive Ausstellungen rund um das Thema Artenvielfalt.

JARDIM BOTÂNICO DO PORTO

Eintritt Garten frei, Galeria da Biodiversidade 2. So Vormittag im Monat frei, sonst 5 Euro | Rua do Campo Alegre 1191 | jardimbotanico.up.pt | Bus: Jardim Botânico

FOTOGRAFIE-MUSEUM

Das portugiesische Zentrum für Fotografie ist unbedingt einen Besuch wert – allein das historische Gefängnisgebäude aus dem 18. Jh., in dessen labyrinthischen Sälen und Zellen die Fotos und die alten Fotoapparate ausgestellt sind, ist faszinierend.

CENTRO PORTUGUÊS DE FOTOGRAFIA

Eintritt frei | Largo Amor de Perdição | cpf.pt | Bus: Cordoaria

MIT DEM RAD ANS MEER

Radeln am Ufer von Douro und Atlantik – 14 km bis zur malerischen Strandkapelle Senhor da Pedra. **Insider-Tipp** Die sechseckige Kapelle präsentiert sich mit ihrer Lage auf einem vom Meer umspülten Felsen äußerst fotogen. Und ist die perfekte Kulisse für einen herrlichen Badetag! Verpflegung bekommst du in den Lokalen am Strand. (Fahrradverleih s. S. 243).

PRAIA DO SENHOR DA PEDRA
Vorortzug von Campanhã nach Miramar oder Fahrrad

HAUS DER MUSIK

Ein Konzert (nicht nur Klassik, auch viel Experimentelles!) in dem futuristischen, mit Blattgold verkleideten Hauptsaal Sala Suggia des Konzertgebäudes gehört zu den Highlights eines Porto-Besuchs.

CASA DA MÚSICA
Eintritt je nach Veranstaltung ab 14 Euro, 50 % Ermäßigung für unter 25-Jährige | Avenida da Boavista 604 | casadamusica.com | Metro: Casa da Música

BAUKUNST

Städtisches Archiv von dekorativen Hausverzierungen wie kunstvollen Azulejo-Fliesen, Stuck-, Holz- und Eisenaccessoires. Ziel ist es, diese architektonischen Verzierkünste zu erhalten.

BANCO DE MATERIAIS
Eintritt frei | Praça de Carlos Alberto 71 | museudacidadeporto.pt | Bus, Tram: Carmo

Casa da Música

DAS RUNDE MUSS IN DAS ECKIGE

Klar, der Besuch eines Heimspiels des FC Porto ist für Fußballfans ein absolutes Highlight. **Insider-Tipp** Doch auch der Boavista Futebol Clube spielt in der ersten portugiesischen Liga und macht den großen Clubs gern mal das Leben schwer. Riesenstimmung herrscht natürlich vor allem beim Lokalderby!

ESTÁDIO DO BESSA
Tickets ab ca. 16 Euro | Rua O Primeiro do Janeiro | boavistafc.pt | Bus: Av. do Bessa, Bessa

ESSEN & TRINKEN

Bar am Largo da Pena Ventosa

In den meisten Lokalen in Porto bekommst du traditionelle portugiesische Gerichte serviert. Besonders viel Innovatives ist hier noch nicht angekommen. Kein Wunder, schließlich futterst du am Rand von Europa.

URIG

Wenn du mal *petiscos* aus *tripas* (Kutteln) probieren willst, bist du in dieser etwas abgelegenen *tasca* goldrichtig. Auch riesige *sandes de presunto* (Schinkensandwiches) sind im Angebot.

TASCA DA BADALHOCA
Rua Dr. Alberto de Macedo 437 | tascadabadalhoca.eatbu.com | Bus: Alberto Macedo

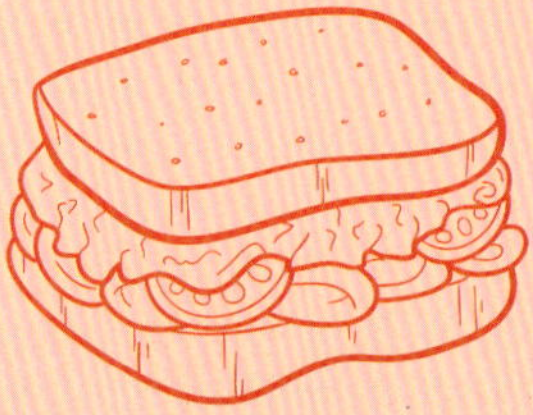

IM HINTERHOF

Insider-Tipp Bei schönem Wetter sitzt du in diesem Café herrlich im Hinterhofgarten. Mittags gibt's günstige Tagesgerichte, auf Wunsch mit Saft oder Suppe.

VIRIATO
Rua Alberto Aires Gouveia 45 | facebook.com/cafetariaviriato.porto | Bus: Hospital Santo António

STOCKFISCH

Lust auf einen richtig guten *bacalhau*, Krake, Dorade oder Ibérico-Schwein (*porco preto*)? Die Teller sind immer reichlich gefüllt – die Küche meint es wirklich gut mit dir. Bei kleinem Hunger reicht also durchaus eine halbe Portion (*meia dose*).

RITO
Rua Antero de Quental 783 | facebook.com/people/Restaurante-Rito | Metro: Marquês

ES GEHT UM DIE WURST

Für viele Portuenser gibt es hier die beste *francesinha*. Die Wurst kommt frisch vom nahen Mercado do Bolhão und die Sauce ist noch einen Tick würziger (und geheimer!) als woanders.

CAFÉ SANTIAGO
Rua de Passos Manuel 226 | cafesantiago.pt | Metro: Bolhão

VEGETARISCH & VEGAN

Restaurant mit frischem vegan-vegetarischen Büfett. Inzwischen gibt's auch weitere Ableger, z. B. in Vila Nova de Gaia oder in der Baixa.

DA TERRA
Rua Afonso Cordeiro 71 | daterra.pt | Metro: Câmara de Matosinhos

IDEAL FÜR SNACKS

Bei schönem Wetter kannst du draußen auf dem kleinen Platz unter dem Olivenbaum sitzen und die tolle Atmosphäre genießen. Zu Wein, Sangria oder Bier gibt es auch leckere Kleinigkeiten zu essen.

TABERNA ADUELA
Rua das Oliveiras 36 | instagram.com/aduelatabernabar | Bus, Tram: Carmo

SEHR COOL

Angenehme, etwas alternativ angehauchte Bar mit Aussichtsterrasse, auf der du manchmal Jamsessions hören kannst. Auch für den kleinen Hunger wird hier noch gesorgt.

FERRO BAR
Rua da Madeira 84 | facebook.com/ferrobarporto | Metro: São Bento

FÜR SPARSAME FEINSCHMECKER

Gourmetküche zu Kantinenpreisen: Genieß Buntes und Kreatives als Tagesgericht oder zum Kaffeetrinken.

BBGOURMET MAIORCA
Rua de António Cardoso 301 | bbgourmet.net | Bus: Casa de Artes

Meeresfrüchte

DAS BESTE EIS

Seit über 40 Jahren beglückt die Traditionseisdiele mit frischen und fruchtigen Eissorten, die je nach Saison variieren. Manchmal gibt es sogar Portweineis!

GELATARIA SINCELO
Rua de Ceuta 54 | gelatariasincelo.com | Metro: Aliados

Livraria Lello

Flüssiges Mitbringsel Nummer eins ist Portwein, der einen auf Schritt und Tritt verfolgt. Mindestens so beliebt ist *ginjinha*, ein Kirschlikör, den zu Hause die wenigsten kennen.

ALTERNATIV

Minimalistische, nachhaltige Dekoobjekte, Möbel, Lampen und Bücher. Teilweise selbst designt, teilweise secondhand – und: Nichts ist mit dem Flugzeug gekommen.

LOJA
Rua Miguel Bombarda 207 | lojaloja.pt | Bus, Tram: Carmo

MEGA-OUTLET

Riesiges Outletcenter mit günstigen Angeboten der gängigen Marken, etwas außerhalb. Ebenfalls hier: ein Outletstore des spanischen Edelkaufhauses El Corte Inglés.

VILA DO CONDE PORTO FASHION OUTLET
Avenida Fonte Cova | viladocondefashionoutlet.pt | Metro: VC Fashion Outlet-Modivas

COOLER TRÖDEL

Trödelmarkt mit gebrauchten Klamotten, Büchern, Haushaltsgeräten und Krimskrams aller Art.

FEIRA DA VANDOMA
Sa 8–13 Uhr | Avenida 25 de Abril | Bus: Av. 25 de Abril

FLASCHENWEISE

Wein aus dem Douro-Tal oder dem Alentejo, Madeirawein oder *vinho verde*, Likör oder Olivenöl und Portweine – hier findest du alles. Vieles darfst du vor dem Kauf auch probieren.

GARRAFEIRA DO CARMO
Rua do Carmo 17–18 | garrafeiracarmo.com | Bus, Tram: Carmo

KULTBÜCHER

Insider-Tipp Den Wert des Eintrittstickets für die schönste Buchhandlung Portos (das du am besten schon vorher online kaufst!) kannst du dir beim Kauf eines Buchs anrechnen lassen.

LIVRARIA LELLO
Eintritt 5 Euro | Rua das Carmelitas 144 | livrarialello.pt | Bus, Tram: Carmo

GUT ZU WISSEN

PORTO CARD

Zahlreiche Vergünstigungen in Monumenten, Museen, Portweinkellereien, Geschäften, Restaurants, Veranstaltungssälen und bei Bootstouren. Die Karte kostet für einen Tag 13 Euro, für zwei Tage 20 Euro, für drei Tage 25 Euro und für vier Tage 33 Euro, inklusive ÖPNV-Nutzung.

Infos unter portocard.porto-tickets.com

PREISE

Die Preisspannen der einzelnen Hotels können erheblich sein, in der Hochsaison kostet ein Zimmer manchmal doppelt so viel wie im Winter. Der öffentliche Nahverkehr ist preiswerter als in Mitteleuropa, manche Lebensmittel und vor allem Kosmetikartikel sind in Portugal jedoch teurer.

TAXI

Taxi fahren ist in Portugal preiswert, im Durchschnitt kostet ein Kilometer etwa 0,50 Euro. Für die telefonische Bestellung, für Nachtfahrten oder für Gepäckstücke werden Zuschläge fällig. In der Regel wird mit Taxameter gefahren.

FAHRRAD LEIHEN

Wenn du den ein oder anderen Anstieg nicht scheust, kommst du auch mit dem Fahrrad durch Porto. Gute Räder verleihen z. B.:

VELURB
Fahrrad ab 12 Euro/Tag | velurb.pt | Rua Fernandes Tomás 207 | Bus: D. João IV

TT3WAYS
Fahrrad ab 14 Euro/Tag | tt3ways.pt | Av. Gustavo Eiffel 290 | Bus: Elevador Guindais

MUSEEN

Museumseintritte sind erschwinglich; in der Regel beträgt ein Eintritt (oft sogar mit Führung) zwischen 2 und 8 Euro, für Kinder, Studenten und Senioren gibt es Ermäßigungen. Alle 17 Stationen des städtischen Museu da Cidade kannst du mit einem Kombiticket für nur 8 Euro besichtigen.

WASSERSPORT

Wellenreiter lieben den Strand von Matosinhos. Wenn du es lernen, die Atlantikwellen testen oder lieber gleich eine Tour auf dem Douro machen willst, kannst du z. B. hier buchen:

ONDA PURA
Surfbrett ab 10 Euro/2 Std., SUP ab 15 Euro/2 Std. | Kurse ab 30 Euro/Person | Av. Gen. Norton de Matos, Matosinhos | ondapura.com | Metro: Matosinhos Sul

PADDLING CENTER
Kajak, SUP ab 15 Euro | Kurse ab 20 Euro/Person | Rua da Praia 11, Marina von São Pedro de Afurada | paddlingcenter.pt | Bus: Chãs, dann ca. 15 Min. Fußweg

WAS KOSTET WIE VIEL?

Kaffee ab 0,60 Euro
für einen Espresso

Wein ab 5 Euro
für 1 l Hauswein im einfachen Restaurant

Azulejos ab 5 Euro
für eine bemalte Fliese

Essen ab 7 Euro
für ein Tagesgericht

Fahrrad um 15 Euro
Miete für einen Tag

Stadt des Lichts

LISSABON

Lissabon ist angesagt. Der Tourismus boomt. Es regnet Preise auf die portugiesische Hauptstadt: beste Citydestination Europas, bester Kreuzfahrtschiffhafen ... Lissabon ist ein Darling auf Instagram. Nicht von ungefähr bleiben Fotografen und Künstler oft in dieser Stadt hängen: Sie lieben die fotogenen Kontraste von Tradition und Moderne, den gewissen morbiden Charme und das besondere Licht. Erkunde diese tolle Metropole – mit zahlreichen Tipps für überschaubares Geld.

Tram und Tuk-Tuk auf dem Praca do Comercio

DIE BESTEN SEHENSWÜRDIGKEITEN

Das solltest du nicht verpassen! Auch wenn der eine oder andere Eintritt nicht immer den Geldbeutel schont, diese Sehenswürdigkeiten gehören zu Lissabon einfach dazu!

CASTELO DE SÃO JORGE

Wie eine steinerne Krone thront die Burg über dem malerischen Gassenlabyrinth der Alfama.

Eintritt 15 Euro | R. de Santa Cruz do Castelo | castelodesaojorge.pt | Eléctrico: Miradouro de Santa Luzia, Bus: Chão da Feira

ELÉCTRICO 28

Mit der berühmten uralten Tram Nr. 28 ist eine Sightseeingtour durch die Sieben-Hügel-Stadt ein tolles Erlebnis.

Tagesticket 10,70 Euro | carris.pt | Tram: Martim Moniz bis Campo de Ourique

TORRE DE BELÉM

Der mächtige und trotzdem irgendwie verspielt wirkende Wehrturm im Tejo ist ein Symbol der Stadt und für Lissabons Goldenes Zeitalter unter Manuel I.

Eintritt 6 Euro | Avenida Brasília | torrebelem.pt | Eléctrico: Largo da Princesa

A VIDA PORTUGUESA

Geschmackvolle Souvenirs made in Portugal, nach dem Motto: „desde sempre" („schon immer") – alle unter einem Dach.

Rua Anchieta 11 | avidaportuguesa.com | Metro: Baixa-Chiado

MOSTEIRO DOS JERÓNIMOS

Ob Katholiken, Muslime oder Garnixglauber, die Steinmetzkunst im üppig verzierten Kreuzgang im Kloster in Belém betört auch nach 500 Jahren noch.

Eintritt 10 Euro| Praça do Império | mosteirojeronimos.pt | Eléctrico, Zug von Cais do Sodré bis Belém

10 x Lissabon

PARQUE DAS NAÇÕES
Das ehemalige Expogelände mit einem der größten Aquarien Europas wurde zum glitzernden Fortschrittssymbol Lissabons.
€ Eintritt in den Park frei
Sehenswürdigkeiten kosten Eintritt | portaldasnacoes.pt | Metro: Oriente

MUSEU NACIONAL DO AZULEJO
500 Jahre Fliesen und kein Ende: Portugals einmalige Kachelkunst, dargeboten in einem prachtvollen Konvent.
Eintritt 5 Euro | Rua Madre de Deus 4 | museudoazulejo.pt | Busse: Igreja Madre Deus

MAAT
Aktuelle Kunst, Architektur und Design im Hinguckerbau am Tejo.
Eintritt MAAT und Elektrizitätsmuseum (Central) 10 Euro | Av. Brasília/ Central Tejo | maat.pt | Eléctrico, Vorortzug: Belém oder Busse: Belém

CAFÉ LINHA D'ÁGUA
Portugiesische Kaffeekultur: Das Nordende der Praça Eduardo VII bietet den grünen Rahmen für das stylishe, doch unaufgeregte und untouristische Terrassencafé.
Rua Marquês da Fronteira | linhadeagua.pt | Metro: São Sebastião

MUSEU CALOUSTE GULBENKIAN
Für Lissabon hat sich's gelohnt, dem armenischen Ölmillionär im Zweiten Weltkrieg Asyl zu geben: Er vermachte der Stadt eine einzigartige Kunstsammlung.
€ Eintritt So ab 14 Uhr frei, Garten kostenlos
Eintritt ab 10 Euro | Av. de Berna 45a | gulbenkian.pt | Metro: São Sebastião oder Praça de Espanha

Torre de Belem am Tejo

Elevador de Santa Justa

MEHR ERLEBEN

Lissabon wurde auf sieben Hügeln erbaut. Von mehreren *miradouros* (Aussichtspunkten) aus hast du einen guten Überblick. Sobald du was gefunden hast: runter in die Stadt und rein ins Leben!

AUF & NIEDER

Star unter Lissabons *elevadores*, Fahrstühlen, die seit über 100 Jahren Unter- und Oberstadt verbinden: der Elevador de Santa Justa. Oben befinden sich eine Aussichtsterrasse mit tollem Blick über die Stadt. Wer den Trip im eisernen Turm von oben nach unten angeht, muss nicht so lange anstehen!

ELEVADOR DE SANTA JUSTA
Ticket Auf- und Abfahrt 5,30 Euro, gratis mit Carris/ Metro-Tageskarte | Eingang unten Ria Augusta, Eingang oben Largo do Carmen | Metro: Baixa-Chiado

AUSSICHTSPUNKT

Am höchsten *miradouro* der Stadt liegen dir Lissabon und der Tejo zu Füßen. Wenn die Wallfahrtskapelle auf ist, unbedingt einen Blick auf die Cadeira de São Gens werfen, einen Steinthron aus dem 12. Jh. hinter Glas, auf dem Portugiesinnen immer noch eine leichte Geburt erbeten. Kleine nette Wägelchen verkaufen Limonade, Kaffee und Pasteis de Nata.

MIRADOURO SENHORA DO MONTE
Largo Monte | Eléctrico: 28 Rua da Graça

UNERSCHÜTTERLICH

Die Kathedrale Sé (Abkürzung für *sedes episcopalis*: Bischofssitz) ist die älteste Kirche Lissabons. Sie wurde nach der Vertreibung der Mauren 1147 gebaut, wohl über einer fünfschiffigen Moschee. Durch Erdbeben mehrfach beschädigt und immer wieder restauriert, vereint sie heute zwei Baustile: einen romanischen Innenraum und einen gotischen Chorumgang mit neun Kapellen.

Eintritt 5 Euro | Largo da Sé | sedelisboa.pt | Eléctrico, Bus: Sé

marchas populares

AB IN DEN SAND!

Leicht, schnell und günstig mit dem Zug zu erreichender (ca. 20 Minuten ab Cais do Sodré) Strand mit Sand, seichtem Wasser und Felsenpools, Beachbar und Restaurants. Auch außerhalb der Sommersaison schön fürs Surfer-Watching. Und: Hier triffst du viele Portugiesen ...

PRAIA DE SANTO AMARO DE OEIRAS

Zugticket einfach ca. 2 Euro | cp.pt | Zug ab Cais do Sodré bis Santo Amaro

STRASSENFESTE

Fast einen Monat lang werden während der Festas de Lisboa die *arraiais* gefeiert: Straßenfeste mit Musik und Tanz, Wein und vor allem: gegrillten Sardinen! **Insider-Tipp** Ein hipper *arraial* mit mehr Klasse und weniger Gedränge findet in einer der alten Arbeitersiedlungen der Graça statt (facebook.com/VilaBerta). Einer der Höhepunkte: die Parade *marchas populares* in der Avenida da Liberdade.

FESTAS DE LISBOA

Juni | egeac.pt

HERZSCHMERZ

Eine musikalische Reise durch Geschichte und Gegenwart des Fado. Per Audioguide kann man die Künstler und ihre Musik erleben. Virtuos: der Gitarrist Carlos Paredes! Juli bis September gibt es Livekonzerte mit anschließender Führung.

MUSEO DO FADO

Eintritt 5 Euro | Largo do Chafariz de Dentro 1 | museudofado.pt | Metro: Terreiro Paço, Busse: Casa Conto

ESSEN & TRINKEN

Time Out Mercado da Ribeira

In Lissabon erwarten dich bodenständige Spezialitäten. Wer sich mit Stockfisch und dem vielen Fleisch schwertut, freut sich auf den Nachtisch: Die Vanillecremetörtchen sind das Glück auf Erden.

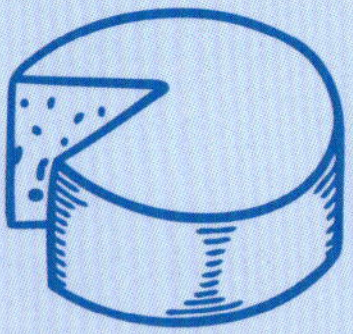

ABGEFAHRENER KÄSE

Kuschelige Nachbarschaftsweinbar, die man beim Sprint hoch zu den *miradouros* leicht übersehen kann. Die Weine sind „schlent" (so spricht der Portugiese *excelente* aus). Zum Wein der Woche für 4 Euro passt ein duftender Käse von der Theke – probier mal den aromatischen *azeitão*, bei dem man den Deckel absägt und den weichen Inhalt auslöffelt.

GRAÇA DO VINHO
Calçada da Graça 10 A/B | facebook.com/GracaDoVinhoLx | Eléctrico, Bus: Largo da Graça

CAFÉ-INSTITUTION

Lissabons ältestes Café wurde 1782 eröffnet. Auch portugiesische Gerichte – frag unter der Woche nach den günstigen *mini-pratos* (kleine Portionen), die auf der Esplanada und in der Cafeteria serviert werden!

CAFÉ MARTINHO DA ARCADA
Praça do Comércio 3 | martinhodaarcada.pt | Metro: Baixa-Chiado

AUTHENTISCH

Günstiges Mittagessen und ein Spot für portugiesische Klassiker: *oktopus a lagareiro*, Stockfisch, Schweinefleisch auf alentejanische Art.

DAS FLORES
Rua das Flores | Metro: Baixa-Chiado

OLD SCHOOL

Leckeres, günstiges, authentisch portugiesisches Essen in einem kleinen Restaurant mit nur drei Tischen. Besitzer Gracida und José aus dem Norden sprechen kein Englisch, aber notfalls helfen Hände und Füße. Spezialität: *novilho* (Jungbulle).

A LAREIRA
Rua do Paraiso 104 |
Metro: Santa Apolónia

TOLLE MARKTHALLE

Die Lissabonner lieben es, sich in der großen Markthalle aus dem Jahr 1902 an den langen Tischen durch ihre hippe Gastroszene zu probieren; ein guter Anlaufpunkt mit wechselnden Tagesgerichten ist Marlene Vieiras Stand. Ach ja: Lebensmittel, Konserven, Marmeladen, Schokokuchen & Co. können auch zum Mitnehmen gekauft werden.

TIME OUT MERCADO DA RIBEIRA
Av. 24 de Julho |
timeout.com |
Metro: Cais do Sodré

SARDINHAS!

Das Grillrestaurant „Wäldchen an den Stüfchen" in der Baixa serviert nur Mittagstisch, aber mit den besten Sardinen der Stadt!

FLORESTA DAS ESCADINHAS
Rua de Santa Justa 3 | facebook.com/Florestadas Escadinhas | Metro: Rossio

SCHWEIN IM BROT

In dieser Sandwichbar mit leckeren, frischen Fruchtsäften verpflegen sich die Locals. Spezialität des Hauses: *sande de leitão*, Spanferkelsandwich.

A NOVA POMBALINA
Rua do Comércio 2 | Metro: Terreiro do Paço

Das Warten lohnt sich

UNWIDERSTEHLICH

Seit 1837 wird hier die berühmteste Süßigkeit Lissabons hergestellt: *pastéis de Belém*, Vanillecremetörtchen (*natas*), frisch aus dem Ofen. Die Schlange fürs Take-away ist oft lang, im Hinterhof kannst du an Tischen gleich vor Ort probieren.

PASTÉIS DE BELÉM
Rua de Belém 84–92 | pasteisdebelem.pt |
Eléctrico: Belém

pastéis de Belém

SHOPPEN

Farbiges Toilettenpapier bei Renova

Wenn du mit dem Flieger unterwegs bist, könnten *azulejos* schwer wiegen. Leichter tust du dir mit Wein, Olivenöl, Cremetörtchen oder Klopapier (kein Witz!).

SCHWARZES KLOPAPIER

Die bunten (vor allem schwarzen!) Klorollen der portugiesischen Firma Renova sind ein Designhit. Super Mitbringsel findest du hier.

RENOVA

Terreiro do Paço/in den Arkaden der Praça do Comércio | myrenova.com | Metro: Terreiro do Paço

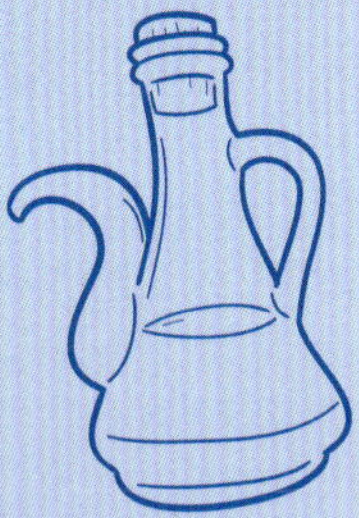

KACHELN ODER FLIESEN?

Eine der ältesten Keramik- und Azulejo-Manufakturen der Stadt. In der Fabrik kannst du bei der Herstellung zuschauen.

FÁBRICA SANT'ANNA

santanna.com.pt
Laden: Rua do Alecrim 95 | Metro: Baixa-Chiado
Fabrik: Calçada da Boa-Hora 96 | Bus: Boa-Hora

FLOHMARKT PLUS

Flohmarkt auf dem Campo de Santa Clara. Immer mehr coole Gastronomie siedelt sich rundherum an: Ein Milchkaffee im Jardim de Santa Clara ist entspannend.

FEIRA DA LADRA

Campo de Santa Clara | Di, Sa 9–18 Uhr | Eléctrico: Voz Operário

BESTES ÖL

Olivenöl (*azeite*) kannst du praktisch an jeder Ecke kaufen. Bei D'Olival wirst du freundlich beraten und darfst auch probieren.

D'OLIVAL

R. Poiais de São Bento 81 |dolival.pt | Bus: R. S. Bento/Cç. Estrela

ACCESSOIRES

Fundgrube für stilbewusste Accessoires-Junkies mit schmalem Geldbeutel: ausgefallener Modeschmuck, Retro-Sonnenbrillen, Haarspangen aus den 1940er-Jahren ...

LINHA AÉREA

Calçada do Carmo 32| linha aerea.pt | Metro: Rossio

GUT ZU WISSEN

STADTFÜHRUNGEN

Mit Witz führen die erfahrenen Wild Walkers auf verschiedenen Routen und mit unterschiedlichen Schwerpunkten durch ihre Stadt. Die Stadttouren kosten größtenteils nichts, ein Trinkgeld ist für das Engagement der jungen Wilden aber nur fair. Reservierung empfohlen!

WILD WALKERS
Infos und Reservierungen unter wildwalkerstours.com

TAXIS & CO.

Taxifahren ist günstig, es gibt ein gutes städtisches Verkehrsnetz und Tuk-Tuks. Uber ist seit 2018 komplett legal und funktioniert gut – die Sympathie und Serviceorientiertheit der Fahrer steht in angenehmem Kontrast zu den oft schlecht gelaunten und -informierten Taxifahrern.

LISBOA CARD

Online oder bei den *turismos* bekommst du die Lisboa Card, mit der du kostenlos alle öffentlichen Transportmittel benutzen kannst. Außerdem ist der Eintritt in Museen und Sehenswürdigkeiten gratis oder mit Rabatt. Sie kostet für 24 Std. 22 Euro, für 48 Std. 37 Euro und für 72 Std. 46 Euro. Achtung: Die Lisboa Card lohnt sich hauptsächlich für Museum-Maniacs, die auch nach Sintra fahren möchten, dagegen am Sonntag und Montag gar nicht, da am Sonntagmorgen meist freier Eintritt und montags geschlossen ist.

Infos unter visitlisboa.com

FAHRRAD LEIHEN

Langsam legt die Stadtverwaltung Radwege an – am Fluss entlang, sonst eher in den Außenbezirken. In der Altstadt musst du beim Radeln etwas aufpassen, denn die Schienenrillen der *eléctricos* sind böse Fallen. Eine Onlinekarte der Fahrradwege gibt es bei cicloviaslx.com, günstige Fahrradvermietung u. a. über Bikeiberia.

BIKEIBERIA
Fahrrad ab 12 Euro/4 Stunden inkl. Helm, Korb und Schloss | Largo do Corpo Santo 5 | lisbonhub.com

ÖFFENTLICHE VERKEHRSMITTEL

Am praktischsten und günstigsten sind aufladbare Chipkarten für alle Verkehrsmittel. Die weiße oder grüne 7-colinas- oder viva-viagem-Karte kostet 0,50 Euro, zum Aufladen (*zapping*) ab 5 Euro. Du bekommst sie u. a. an den Metrostationen und kannst sie nach Bedarf wieder aufladen. Der Zapping-Modus ist praktisch, wenn du auch mal die Vorortzüge und die Pendlerfähre nehmen willst.

WAS KOSTET WIE VIEL?

Wein 12 Euro
für eine Flasche Hauswein

Espresso 0,60–1,50 Euro
für eine Tasse

Kuchen 1–4 Euro
für ein Stück

Fado 20 Euro
Mindestverzehr in einem größeren Fadolokal

REGISTER

BILDNACHWEIS

Titelbild © Huber-Images/S. Kremer; Illustrationen © shutterstock.com: Drawlab19, Mirgunova, N. Pankina, Josep Perianes; Karte Buchrückseite © shutterstock.com: kubicka; mauritius images: Alamy/I. Hinchliffe (189), CuboImages/N. Miana (209), Westend/W. Dieterich (190); picture-alliance/DUMONT Bildarchiv (155), T. Anzenberger (Klappe vorne außen, 165, 166/167, 170, 172, 205, 206/207, 210), C. Baeck (115, 116/117), U. Bernhart (185, 186/187), M. Campo (159), M. Gumm (235, 236/237, 239, 240, 241, 245, 246/247, 248, 251), F. Heuer (225), P. Hirth (5, 6/7,15, 16/17, 19, 25, 26/27, 28, 36/37, 38, 39, 42, 45, 46/47, 49, 125, 128, 131, 135, 140, 141, 142), G. Knoll (145, 146/147, 148, 152), T. Linkel (85, 86/87, 88, 89, 91, 156/157, 158), S. Lubenow (75, 76/77, 78, 79, 80, 81), O. Meinhardt (11), J. Modrow (175, 176/177), M. Sasse (95), J. Scheibner (65, 68, 70), T. Weimar (195, 198); shutterstock.com: afalina2020 (171), Alexanderstock23 (9), AmbientShoot (191), AnastasiaNess (12), AnastasiiaAV (188), aria61100 (10), ArtMediaFactory (218), ArTono(215), Ayotography (231), f. baarssen (90), P. Barron (230), B. Batmaz (122), G. J Baty (32), BearFotos (228), n. bennett (72), M. Carniel (30), N. Chalermtiragool (132), r. classen (56/57), Coke87 (252), Cristina.A (221), C. Divizia (199), dasytnik (249), DBaire (201), Dedejan (169), ecstk22 (126/127), R. Ellis (99), S. Ennis-Melhado (50), EWY Media (66/67), f11photo (196/197), A. van de Filmchens (118), Finn stock (22), O. Foerstner (41), foto-select (62), frantic00 (119), M. D. Fuchs (212), E. Galeotti (222), Hadrian (150), hanohiki (182), Hay_wood (121), S. Holm (21), N. Huebl (242), I Wei Huang (100, 101), J2R (136/137), Katiekk (18), H. Kleine (160), C. Klose (61), Laborant (216/217), Landscape Stock Photos (202), LCRP (71), W. Lerooy (110), H. Lindau (52), Loch Earn (31), makasana photo (111), Maridav (40), MassimoUsai60 (109), Maykova Galina (59), maziarz (211), MikeDotta (200), A. Molchan (161), A. G. Monedero (180), MRo (55), C. Mueller (120), NeydtStock (112), nightcap (168), o. ozcelebi (220), Page Light Studios (149), P. Pavlica (130), poludziber (35), posztos (178, 179), ppart (48), Radiokafka (106/107), I. Rezek (82), R. Rinaldo (58), G. Rivest (232), I. A. de Rooij (92), F. Rosadela (51), M. Rubino (226/227), D. Rukhlenko (105), S.M. Photo (162), O. Senkov (208), A. Segre (96/97), A. Schmitz (60), shot4shot (219), V. Skudre (98), skyfish (108), W. Spremberg (229), Travel Enthusiast (129), G. Trumpeter (8), D. Turbasa (138), Ungvari Attila (29), A. Veasey (102), A. Voronkov (20), D. Ward (151), Wirestock Creators (238), Wjarek (139), N. Woodards (69), R. Yanushevsky (181), zuzapigeon (250).

IMPRESSUM

1. Auflage 2024

Der Inhalt dieses Buches basiert auf bereits veröffentlichten Beiträgen der Reiseführerreihe von MARCO POLO.

Konzept & Projektmanagement: Anne-Katrin Scheiter
Layout: GSD-Grafik, Stuttgart
Umschlag: GSD-Grafik, Stuttgart und
Carolin Weidemann, Köln
Produktion: booklab, München
Bildredaktion: Katja Tegler

Printed in China

MIX
Papier aus verantwortungsvollen Quellen
FSC® C124385

Lob oder Kritik? Wir freuen uns auf deine Nachricht!
Trotz gründlicher Recherche schleichen sich manchmal Fehler ein. Wir hoffen, du hast Verständnis, dass der Verlag dafür keine Haftung übernehmen kann. Wir freuen uns aber, wenn du uns schreibst:

Marco Polo Redaktion
MAIRDUMONT
Postfach 31 51
73751 Ostfildern
info@marcopolo.de